LE BILLARD

Titre original : Billards as it should be played

ISBN 2-207-23410-X
B 23410.4

ONNAISSANCE ET TECHNIQUE

LE BILLARD

WILLIE HOPPE

Avec la collaboration de
FRANCIS CONNESSON

Traduit de l'américain par
Gérard Chevalier et Anne-Marie Clairet

Denoël

HENIN
PARIS

PRÉFACE

Je me rends compte à quel point il est facile d'embrouiller le joueur de billard inexpérimenté avec une multitude sèche de termes techniques, de graphiques et de photographies, confus et compliqués.
Mon système d'enseignement a toujours été fondé sur la théorie suivante : un bon jeu de billard repose sur des principes simples et jamais sur un canevas compliqué.
J'insiste d'abord sur l'ABC du jeu, la position du corps, la façon de tenir la queue, le chevalet, l'attaque de la bille, etc., puis j'étudie les points fondamentaux et les règles à suivre pour les exécuter facilement.
Vous pourrez même maîtriser le Diamond System, célèbre au trois-bandes, si vous apprenez chaque leçon pas à pas, et si vous ne mettez pas la charrue devant les bœufs. Parmi tous les ouvrages publiés, j'explique d'une façon complète, pour la première fois, le Diamond System, uniquement à l'aide de graphiques. Mais attention ! Apprenez d'abord les principes de base et les points fondamentaux ! Si vous pensez déjà les connaître, revenez-y tout de même. Comme lorsque vous revoyez un spectacle, vous y découvrez toujours quelque chose que vous n'aviez pas vu.
A travers les explications, les photographies et les graphiques de ce livre, je vous montre ce qu'il faut que vous sachiez et pratiquiez, afin de pouvoir exploiter au maximum votre propre façon de jouer. En appliquant ces instructions — n'oubliez pas qu'il n'existe pas de modèle — dans quelque sport que ce soit, c'est seulement par l'expérience que vous trouverez votre propre style. Découvrez le plus vite possible votre meilleure façon de jouer et concentrez-vous dessus jusqu'à la « routine » ; alors, seulement, commencez à penser aux billes et à votre score.
L'enseignement dispensé dans ce livre ne s'adresse pas seulement aux adultes qui débutent, mais aussi aux joueurs qui sont « partis du mauvais pied », à ceux qui veulent perfectionner leur jeu, ainsi qu'aux jeunes.
Il n'y a aucune raison pour qu'un débutant ou un joueur désireux de progresser ne puisse le faire avec de grands espoirs de réussite satisfaisante. Il ne reste plus qu'à dire ceci sur ce sujet : n'attendez pas trop, au début. Certaines personnes ont plus de dispositions athlétiques que d'autres, une meilleure coordination de l'esprit et du muscle, en conséquence ils apprennent plus vite. De toute façon, un jeu qui existe depuis les premiers âges, et qui compte maintenant environ dix millions de joueurs rien qu'aux États-Unis, doit avoir un attrait certain et durable.
J'ai fait de mon mieux pour présenter, le plus simplement possible, ces méthodes qui devraient donner des résultats aussi rapides que satisfaisants chez un joueur de billard moyen. Il faut maîtriser les bases avant d'attaquer un jeu supérieur ; sans bases, un joueur débute avec un handicap.
Vous (ou n'importe quelle autre personne) pouvez, en lisant ces instructions, sans l'ombre d'un doute, devenir un bon joueur de billard, si vous les appliquez. Mon seul espoir est d'avoir atteint mon but. Je voudrais que ce livre fût une source de plaisir et d'aide pour vous et tous ceux qui aiment faire, et voir, rouler les billes sur le tapis vert d'une table de billard.
Cordialement, je vous souhaite de grands succès au « Jeu pour tous ».

Page ci-contre, en haut : **Jean-Paul Nahon et Francis Connesson,** ***en bas :*** **Willie Hoppe.**

AVANT-PROPOS

Une partie de billard à la fin du XVIIIe siècle. Gravure de W. Löwith.

Le Journal illustré

DIX-SEPTIÈME ANNEE. — N° 17

Gravures

Le grand Match de billard, par **Henri Meyer**. — *La princesse Stéphanie et l'archiduc Rodolphe*, par **Henri Meyer**. — *La prison de Nanterre*, par **Robert Clerget**. — *Le musée du Jardin des plantes*, par **Karl Fichot**. — *Nos illustrations de* LE FIACRE N° 13, par **Henri Meyer**.

DIMANCHE 25 AVRIL 1880

Le **Journal illustré** est mis en vente dès le vendredi matin

ABONNEMENT	UN AN	SIX MOIS
Paris.	6 50	3 50
Départements	7 50	4 »

Administration et Rédaction, à Paris, hôtel du **Petit Journal** *rue Lafayette, 61.*

PRIX DU NUMERO : 15 CENTIMES

Texte

Chronique de la semaine, par **Aristide Roger**. — *Beaux-arts et Théâtres*, par **Charles Darcours**. — *Nos gravures*. — *La pêcheuse de crevettes*, par **Etienne Enault**. — *Mot inédit en parallélogramme*.

LE GRAND MATCH DE BILLARD

ENTRE MM. F. SLOSSON (AMÉRICAIN) ET VIGNAUX (FRANÇAIS)

Dessin de Henri MEYER. — Voir l'article, page 131.

La première commande de billard dont il reste trace est sans doute celle de Louis XI à son menuisier Henri de Vignes en 1469. Il le paya 317 livres parisis. Le roi jouait à la Bastille où personne ne venait le déranger. L'Église, qui fustigeait les jeux en chaire, faisait exception pour le billard et la paume.

François Ier y jouait au château de Fontainebleau avec Clément Marot. Ce dernier emporta en exil la passion de ce jeu et l'implanta en Italie chez la duchesse de Ferrare.

Le roi Henri II était d'une adresse diabolique. Il fallut que Diane de Poitiers, qui était de vingt ans son aînée, lui apprît d'autres « jeux » pour lui faire oublier le billard.

Charles Quint débarqua sur son trône en 1516 avec ses tables de billard et son menuisier Lievin van der Goes chargé de fabriquer des billards dans son royaume.

Ce sont les Hollandais qui importèrent leurs billards à New York.

Les Anglais, eux, installèrent leurs tables en Virginie et les huguenots français en Caroline du Sud. Les Juifs qui fuyaient l'Inquisition l'implantèrent en Grèce et en Turquie.

La reine Élisabeth Ire d'Angleterre passait des heures chaque nuit avec son favori le comte d'Essex à jouer au billard. L'infortunée Marie Stuart adorait aussi le billard et c'est pendant une partie, le 18 février 1587, au château de Fotheringhay, que son geôlier, Amyos Pawlet, vint la chercher pour la décapiter.

Au cours d'une partie de billard entre le roi et le duc de Guise se trama l'attentat contre Coligny, le 22 août 1572. Le résultat fut la Saint-Barthélemy.

On remarque que souvent le billard touche, de près ou de loin, à l'Histoire.

Pourtant, en France, le billard n'a pas l'oreille des médias. On reste sur des préjugés anciens où le billard se jouait dans les arrière-salles de café ; il était alors synonyme de vermouth-cassis. Aujourd'hui tout a changé : les salles sont devenues des restaurants ou des débits de sandwiches.

Dans beaucoup de villes le billard est installé dans des salles municipales. Le billard des bistrots s'est transformé en club. Club où l'on joue au billard, où l'on enseigne le billard, souvent sans licence d'alcool. Si, en Belgique, en Hollande ou au Luxembourg, les championnats rencontrent un grand succès — on y voit quelquefois le roi des Belges —, en France le seul président de la République qui assista à un grand championnat fut Jules Grévy. Ce championnat qui se déroula le 10 avril 1880 dans les salons du *Grand Hôtel* à Paris, opposa l'Américain Slosson au Français Vignaux. Vignaux fut sacré champion du monde : il exécuta une série de 1 531 points.

Ci-dessus : **couverture de *l'Illustré* du 25 avril 1880, présentant le match Vignaux-Slosson.**

Joueuses de billard à la fin du XIXᵉ siècle. Gravure de R. X. Prinet.

Ci-dessus : la salle de billard du Casino de Biarritz.

Ci-contre : jury d'un championnnat de France présidé par Alain Poher.

MATÉRIEL DE BASE

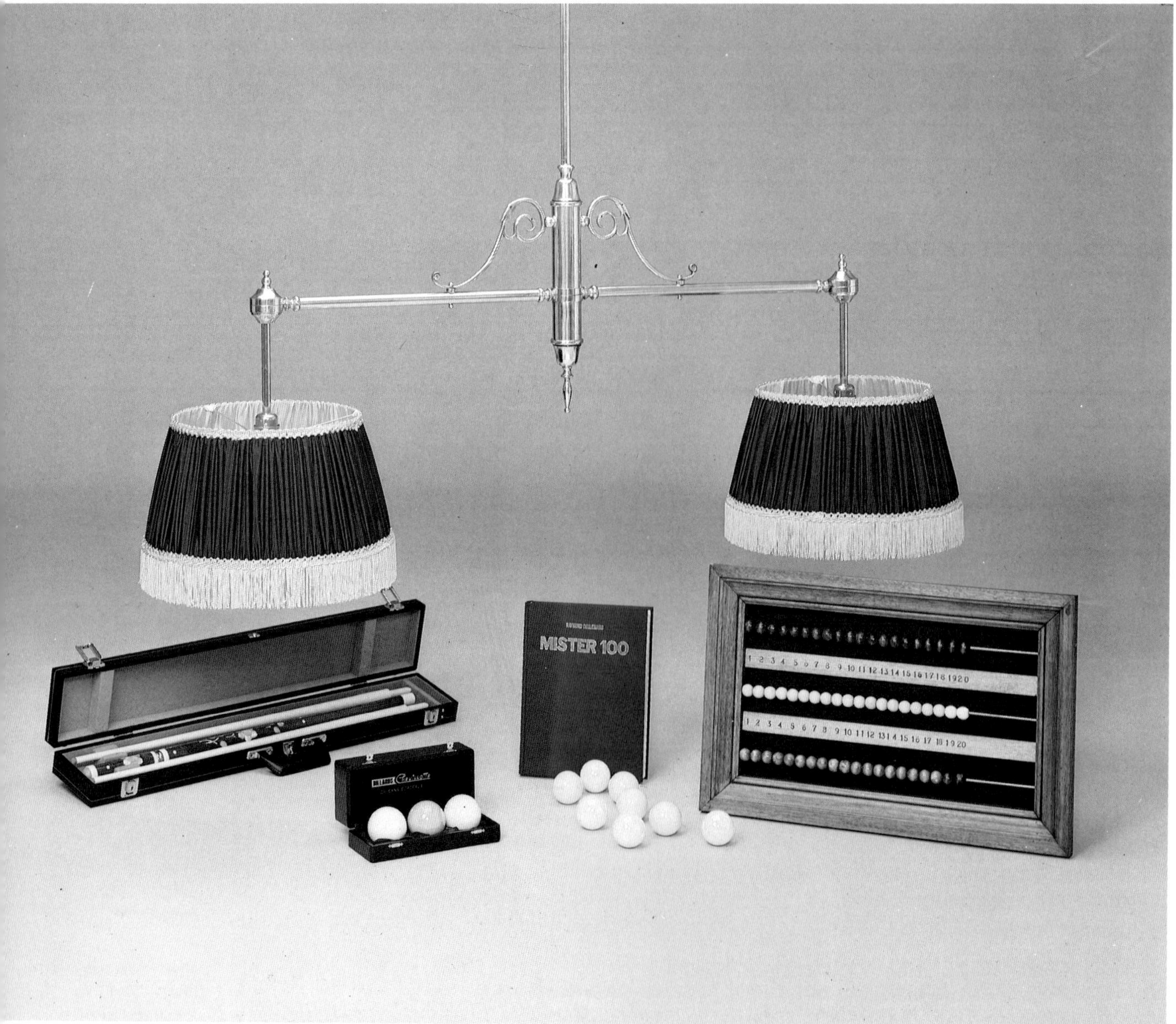

LA TABLE

Le billard, par sa fabrication, est resté artisanal. Depuis Louis XIV il a connu la même évolution, quant au style, que le mobilier domestique.

Le billard de match, sur lequel se jouent les championnats d'Europe et les championnats du monde, a 3,10 m de longueur extérieure ; le demi-match a 2,80 m de longueur hors tout ; il existe aussi le 2,60 m, le 2,40 m et le 2,20 m.
Pour éclairer la surface de jeu, sont suspendues au plafond à 77 cm de la table, deux ou trois lampes, suivant le format du billard, munies chacune d'un réflecteur.
Un drap vert, en laine rasée, recouvre l'ardoise, le roulement de la bille varie suivant sa qualité.

Les billards actuels sont chauffés à l'électricité (jadis au gaz) à l'aide de résistances couvrant toute la surface du dessous de l'ardoise. Le chauffage, réglé à une température constante par un thermostat, augmente le roulement des billes que le joueur n'a plus besoin de « cogner ».

Après avoir joué, il convient de couvrir le billard afin d'éviter les dépôts de poussière. Utilisez une brosse spéciale que l'on trouve chez les billardiers.
Le sol sera de préférence recouvert de moquette ou de revêtement souple.

LES BILLES

Autrefois les billes étaient en ivoire, aujourd'hui elles sont en matière de composition. Le diamètre de la bille est de 61,5 à 62 mm et son poids de 220 à 245 g.

LES QUEUES

Les queues de billard sont en alisier, hêtre ou érable, etc. Leurs longueurs et leurs diamètres ainsi que leurs poids peuvent être déterminés à la volonté du pratiquant.

DIMENSIONS DES SALLES

Longueur extérieure du billard	Longueur du jeu correspond.	Dimensions de la salle avec une queue normale de 1,40 m
3,10 m	2,845 m	5,85 × 4,40
2,80 m	2,54 m	5,55 × 4,25
2,60 m	2,34 m	5,35 × 4,15
2,40 m	2,14 m	5,15 × 4,05
2,20 m	1,94 m	4,90 × 3,95

MODES DE JEU

Les modes de jeu sur billard de match sont : la partie libre, le cadre 47/2, le cadre 47/1, le cadre 71/2, la bande, le trois-bandes, le billard artistique et la fantaisie.

Page ci-contre : **accessoires vendus par les billardiers.**

CHOIX D'UNE BONNE QUEUE DE BILLARD

La queue est l'un des facteurs les plus importants du jeu. Donnez à un joueur une queue qu'il peut manipuler et regardez sa position. Les principaux éléments à considérer dans une queue sont le poids, la longueur, la forme et le genre du procédé, le fût, l'armature, le diamètre, la conicité (forme), l'équilibre et ses qualités générales de jeu. Il faut également connaître la façon de l'entretenir et d'utiliser le bleu.

Alors que ces principes peuvent paraître secondaires à un joueur moyen, leur importance est évidente aux yeux d'un expert ou d'un joueur relativement fort. C'est à cause de l'importance de la queue que je commence mon livre par un chapitre intitulé : « Choix d'une bonne queue de billard ».

POIDS DE LA QUEUE

Les joueurs de billard commettent souvent l'erreur de choisir une queue très longue et très lourde avec un petit procédé. J'encourage tous les joueurs à utiliser une queue qui pèse entre 510 et 570 g, et qui mesure entre 1,37 et 1,42 m avec un procédé de 12 mm de diamètre.

Le fait qu'une queue très lourde permette de faire parcourir une plus grande distance à la bille n° 1 semble séduire la plupart des joueurs, qui aiment voir une bille toucher de nombreuses bandes. C'est, bien sûr, la raison pour laquelle il vaut mieux utiliser une queue plus lourde pour jouer au trois-bandes. La bille doit, en effet, parcourir une distance plus importante au trois-bandes qu'à la partie libre, la bande ou au cadre.

Il est à la fois important et intéressant de remarquer que tous les grands joueurs professionnels utilisent des queues de billard qui ont à peu près le même poids et la même longueur. Welker Cochran utilise la plus lourde, qui pèse 595 g. Celle de Jake Schaefer pèse 538 g. Presque tous les excellents joueurs connus utilisent une queue pesant entre 538 et 595 g. Je ne connais pas de joueur faisant autorité qui utilise une queue dépassant 595 g. Le poids moyen des queues utilisées par les vedettes est de 567 g. Pour ma part, j'utilise une queue pesant entre 553 et 560 g.

LONGUEUR DE LA QUEUE

En ce qui concerne la longueur de la queue, les différences sont minimes. Les meilleurs joueurs aiment les queues qui mesurent entre 1,37 et 1,45 m. Une queue mesurant 1,40 m est, dans la plupart des cas, suffisamment longue pour le trois-bandes. C'est la longueur de la mienne. Pour la partie libre, la bande, le cadre et les autres modes de jeu, je préconise une longueur de 1,37 m.

LES PROCÉDÉS

C'est un demi-solde, l'officier Mingault, qui invente le procédé : rondelle de cuir posée sur le bout de la queue de billard qui permet de frapper la bille avec précision.

Utilisez des procédés ayant approximativement 12 mm de diamètre. De nombreux joueurs, débutants ou expérimentés, préfèrent un petit procédé, mais il a été prouvé que la précision et la fermeté du coup, ainsi que le contrôle de la bille n° 1, sont mieux obtenus avec un procédé de 12 mm. Les joueurs professionnels utilisent un procédé en cuir très dur. Seule la surface doit être suffisamment tendre ; il faut,

en effet, que l'extrémité soit rugueuse, que le bleu tienne. Les procédés mous sont à éviter.

CHOIX D'UNE QUEUE APPROPRIÉE

Choisissez une queue qui soit en harmonie avec votre puissance physique. Appliquez-vous spécialement au choix du bon calibre. Certains joueurs préfèrent les types élancés, d'autres les modèles trapus, soit pour la flèche, soit pour le fût, ou encore pour les deux. Je conseille aux joueurs de posséder leur propre queue et de préférence une queue démontable de ma conception.
Si vous n'avez pas de queue personnelle, habituez-vous, autant que possible, à jouer avec des queues de longueur et de poids constants. Une queue trop lourde paralyse les nerfs du bras et les rend incapables d'évaluer convenablement la force employée, ce qui, entre autres, affecte énormément l'élément le plus important du jeu : la vitesse. D'autre part, si la queue est trop légère, il faut déployer trop de force pour obtenir un coup de queue soutenu et ferme. Sans cette sensation communiquée à la main à travers la queue, lorsqu'elle entre en contact avec la bille n° 1, il serait impossible de bien jouer au billard.

QUEUES DÉMONTABLES – CALIBRES OU FLÈCHES

Comme je l'ai déjà dit, il vaut mieux utiliser une queue démontable. Celle-ci est faite de deux parties : la flèche et le fût, reliés par un tourillon. Lorsque les flèches sont tordues, usées ou cassées, on peut les remplacer. Les joueurs qui changent de salle pour jouer à leur jeu préféré trouvent également les queues démontables très pratiques.
Tous les joueurs expérimentés utilisent des queues démontables avec des flèches supplémentaires. Lorsqu'ils ont un problème avec l'une de leurs flèches, ils peuvent immédiatement la remplacer. Il faut choisir le diamètre de flèche qui convient le mieux au chevalet de votre main.

COMMENT ENTRETENIR VOTRE QUEUE DE BILLARD

Lorsque vous ne vous en servez pas, votre queue doit être rangée dans son porte-queue (ou son étui) à l'abri de la chaleur ou de l'humidité excessives, pour éviter qu'elle ne se fausse.
Une queue doit être droite, car une déviation non seulement distrait l'œil, mais encore intervient sérieusement dans le jeu. Si la queue n'est pas suffisamment rigide, elle se plie légèrement avant de provoquer la trajectoire de la bille. Cela n'est pas visible à l'œil nu, mais la déviation entraîne une attaque mal assurée (voir graphique n° 1).
Il faut, de temps en temps, passer la queue au papier de verre fin. Le procédé en cuir, en particulier, doit être souvent passé au papier de verre pour ne pas déborder de la flèche. Cette saillie du cuir, provoquée par le contact avec la bille, entraîne souvent des fausses queues. Le procédé doit donc être arrondi à l'extrémité.

Le procédé sert à amortir chaque choc. Il doit aussi fournir une belle surface pour frapper la bille n° 1.
Le procédé en cuir est donc très important, parce qu'il est en contact direct avec la bille.
Pour ces raisons, quand votre procédé devient trop dur et lustré, ou trop mou, façonnez-le avec une petite lime mordante. Taillez l'extrémité à coups obliques et nets, puis limez jusqu'à ce que la surface soit légèrement rugueuse, ce qui permettra au procédé de mieux s'imprégner de bleu. Ne vous servez pas de la lime avec un mouvement de raclage, vous déchireriez votre procédé.
Prenez ensuite un chiffon mouillé et humectez les côtés du procédé. Terminez le poli avec l'envers du papier de verre ou avec un morceau de cuir souple. Cette opération a pour effet de durcir les bords, de rendre le procédé ferme et de l'empêcher de se déformer.
N'oubliez jamais ceci : un procédé qui est bien taillé et bien façonné s'imprègne mieux de bleu, ce qui évite les fausses queues et, bien sûr, permet un meilleur jeu.

COMMENT UTILISER LE BLEU

Le bleu est une craie bleutée qui fournit une pellicule abrasive entre le cuir du procédé et la surface de la bille n° 1, dont l'adhérence aide la queue à communiquer à la bille la poussée appropriée.

Le bleu empêche les fausses queues — et les fausses queues font souvent la différence entre un bon jeu et un jeu médiocre — une partie gagnée ou perdue.

Page ci-contre : **exécution d'un massé.**

La meilleure façon de mettre du bleu est de tenir la craie parfaitement horizontale à l'extrémité du procédé et de le faire tourner sur lui-même avec quelques mouvements vifs du poignet. Inclinez légèrement le bleu pour les bords. Ne faites pas tourner le procédé en tenant le bleu dans l'autre main immobile. C'est une erreur commise par la plupart des joueurs, surtout débutants. Ne tenez pas non plus le bleu presque vertical en faisant tourner la queue. De cette façon, vous usez le bord du procédé, ce qui entraîne des fausses queues et empêche le bleu d'adhérer correctement au procédé.
Une queue que vous avez bien en main, ni trop longue, ni trop lourde, ni trop courte, ni trop légère, un entretien et un usage appropriés des procédés, un bleu passé régulièrement et bien sur le procédé vous permettent, parce que vous ferez moins de fausses queues, etc., de jouer le mieux possible.

GRAPHIQUE N° 1

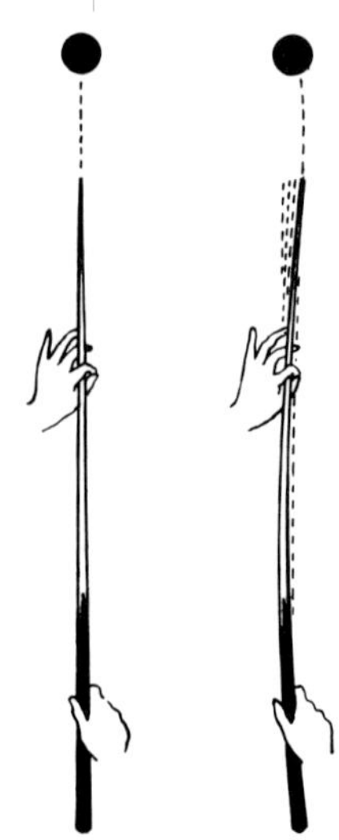

Dessin exagéré du comportement d'une queue de billard sans rigidité, au cours du jeu.

LES PRINCIPES DE BASE

Contrairement à ce que croient certains joueurs, le billard n'est ni difficile ni complexe. Dans son essence, c'est un jeu simple. Il suffit que le débutant découvre et maîtrise les principes du jeu pour en jouir dès le début. Il est exact et dommage que la plupart des novices, et des joueurs déjà compétents, ne connaissent pas grand-chose de ces principes fondamentaux.
Ils pensent en termes de Diamond System, angles, attaque par la bande, massé, coulé, rétro, effet. Ils oublient, ou négligent le fait le plus important, qui est de bien heurter la bille. J'imagine que c'est une faiblesse humaine de vouloir apprendre le billard ou n'importe quel autre jeu (en ce qui concerne les règles) à l'envers au lieu de débuter par le commencement. En résumé, il est facile d'apprendre à jouer au billard, mais c'est comme à l'école, il faut que la première classe précède la seconde, et ainsi de suite.
Mes explications sont simples, mais approfondies en ce qui concerne les principes. Si vous les suivez consciencieusement, et les alliez à la pratique, vous pourrez, dès le départ, apprécier le plus fascinant de tous les jeux d'intérieur.
Si vous débutez, prenez chaque leçon dans l'ordre chronologique, suivez chaque conseil pas à pas, et dominez-les avant d'aller plus loin. Si vous êtes déjà un joueur averti, essayez d'oublier ce que vous savez faire et repartez de zéro.
Les conseils que je mets en valeur sont le résultat non seulement de nombreuses années d'étude pratique, de connaissances générales, et d'expérience, mais aussi de l'observation continuelle des fautes courantes du joueur moyen.

N'oubliez jamais ceci : vous êtes instruit, mais les billes, la table, la queue ne le sont pas. Dans des conditions normales, vos coups seront ce que vous les ferez. Si vous vous concentrez, étudiez et pratiquez, vous pourrez, sans aucun doute, devenir autre chose qu'un joueur ordinaire.

Il y a sept principes fondamentaux à considérer d'abord. Lorsque vous les maîtriserez, vous serez sur la bonne voie pour devenir un joueur chevronné. Ces sept principes essentiels sont :
1. la position devant le billard (posture) ;
2. la façon de tenir la queue (point d'équilibre) ;
3. le chevalet ;
4. l'attaque de la bille n° 1 ;
5. le coup de queue (allongé) ;
6. l'utilisation de l'effet ;
7. la rapidité et la puissance.
Le secret d'un bon jeu comprend ces sept points très

Page ci-contre : **le grand champion belge Raymond Ceulemans en 1957.**

importants pour débuter ou progresser. Si vous les gardez présents à l'esprit, vous ferez des progrès réguliers. Je les étudierai les uns après les autres ; j'en discuterai et expliquerai les points essentiels et la façon pour vous de les résoudre.
Si vous suivez ces conseils, que vous devez connaître et mettre en pratique, vous arriverez à exploiter toutes vos possibilités.
J'ai eu la chance d'avoir un bon professeur : c'était mon père. Je n'avais que cinq ans lorsque j'ai joué au billard pour la première fois. Mon père était propriétaire d'un petit hôtel à Cornwall-sur-Hudson dans l'État de New York. Il avait un billard qui combinait le billard de carambolage et le billard à trous. J'ai commencé sur le billard à trous, et, avec son aide, j'ai fait rapidement de grands progrès.
Nous avions souvent la visite de représentants, appelés « commis voyageurs » à cette époque. Je devais avoir neuf ans, lorsque l'un d'entre eux, nouveau venu dans notre ville, me voyant faire le pitre autour du billard, m'offrit, d'un air protecteur, de faire une partie avec lui. J'acceptai. Il manqua le premier point et je terminai la partie en une seule reprise. Il cassa sa queue.
« Quelle est donc cette ville ? grommela-t-il. Je ne suis pourtant pas un novice à ce jeu, mais ici, les bébés me battent. »

POSITION DEVANT LE BILLARD, POSTURE CORRECTE

La position devant le billard, ou posture, est de toute première importance au billard. Elle doit être naturelle. Vous devez être solidement campé sur vos jambes, vous sentir à l'aise, détendu, en position face au point que vous devez réaliser.
C'est ainsi que nous commençons, face aux billes. Vous pouvez évaluer la distance qui doit vous séparer du billard, en plaçant l'extrémité de la queue presque contre la bille n° 1. La queue doit être tenue horizontalement sur la table de billard, la main droite près de l'extrémité du talon de la queue et contre la hanche droite ; le reste est affaire d'évaluation et d'instinct.
Faites carrément face à l'attaque de la bille n° 1, les pieds légèrement écartés, avec le pied gauche avancé pour la stabilité. Vous tenez la queue avec vos deux mains du côté droit, la main droite est près de l'extrémité du talon, alors que la main gauche tient naturellement la queue. La distance qui sépare mes pieds varie entre 46 et 48 cm, en mesurant de l'extrémité d'un pied à l'autre (voir photographie n° 1).

1

2

3

4

1. Première position (posture) correcte devant le billard. Vue de profil.

2. Deuxième position (posture) correcte devant le billard. Vue de profil.

3. Deuxième position (posture) correcte devant le billard. Vue de face.

4. Position (posture) correcte devant le billard pour un rétro.

Penchez ensuite votre corps en avant, la tête directement au-dessus et dans l'alignement de la queue, que vous devez regarder comme un chasseur regarde un fusil. Le corps se trouve ainsi parallèle à la queue, dans une position naturelle pour exécuter l'attaque. Le bras droit doit se mouvoir facilement et librement, sans interférence avec le corps. Le bras gauche est tendu (et doit rester tendu), la main repose sur la table et forme un chevalet pour la queue (voir photographie n° 2).

La meilleure indication d'une bonne posture est de garder le bras gauche tendu. Vous pouvez toujours déterminer la position correcte devant le billard, en allongeant votre bras gauche — en « bras du chevalet », bien raide devant vous — pour estimer quelle doit être la position de vos pieds — l'endroit où vous devez vous tenir.

Pour mieux comprendre, regardez ma position de face sur la photographie n° 3. Sur la photographie n° 4, vous verrez, de derrière, la posture correcte.
Rappelez-vous que vos pieds doivent être légèrement écartés pour l'aplomb de la posture. Votre poids doit être également réparti sur vos deux jambes. Assurez-vous que votre corps est bien équilibré. Les joueurs de billard, comme les joueurs de base-ball et de golf, ont des postures différentes. Les joueurs professionnels n'ont jamais exactement les mêmes postures, mais ils observent tous certaines règles non écrites ; si vous mettez en pratique les règles précédentes et celles qui vont suivre, vous ferez des progrès. Il faut adopter une posture naturelle, qui vous permette en même temps une bonne ligne de visée et la meilleure exécution possible du geste que vous avez à effectuer. Je n'ai jamais rencontré deux joueurs qui aient la même posture.

Lorsque vous devez vous allonger pour atteindre la bille, étendez-vous, mais soyez naturel et détendu avant d'exécuter le point. Penchez votre corps au-dessus de la table, jusqu'à ce que vous atteigniez la bille, mais il faut sentir que vous faites un mouvement naturel, et gardez toujours votre bras gauche (celui du chevalet) tendu en face de vous.

Si vous êtes gaucher, l'inverse reste vrai, bien sûr, pour toutes les positions. N'oubliez jamais que votre corps doit, dans la mesure du possible, faire face à la table ; vous serez ainsi plus à l'aise, votre posture sera meilleure, vous viserez bien, et votre coup partira mieux. Ne vous contorsionnez jamais de façon à être obligé de regarder par-dessus votre épaule. Votre tête doit être exactement dans l'axe de visée. Si vous suivez ces conseils préliminaires, vous vous assurerez une posture aisée, élégante et correcte. Il faut pratiquer la posture devant le billard jusqu'à ce qu'elle devienne automatique. Alors, seulement, vous serez en mesure d'étudier le second facteur fondamental.

Un jour, après une démonstration à Seattle, je donnais des conseils de posture à mon adversaire. C'était un monsieur cultivé et plein de dignité, de vingt ans mon aîné. Il jouait bien au billard, malgré une mauvaise posture.
L'assemblée était nombreuse et attendait que je donne des conseils. Un spectateur, qui arriva en retard, et qui semblait avoir bu avant de venir, insista pour grimper sur une colonne à l'aide d'un escabeau, afin de n'être gêné par personne pour voir. Il grimpa, pendant que je parlais, en faisant beaucoup de bruit. Une fois installé, il jeta un coup d'œil sur ce qui se passait et demanda en braillant :
« Alors, lequel de ces deux types est Hoppe ? »

COMMENT TENIR LA QUEUE

La meilleure façon de tenir la queue de la main droite (si vous êtes droitier) est illustrée par la photographie n° 5, bien qu'il soit très rare de voir les meilleurs joueurs tenir la queue de billard de cette façon-là.
Seuls le pouce et l'index sont en contact avec la queue — le pouce couvrant l'ongle de l'index. Le contact est léger mais ferme, le pouce et l'index faisant tout le travail pour saisir fermement la queue de billard.
Il arrive quelquefois que le majeur touche à peine la queue, chez le joueur moyen, mais très légèrement. Je vous donne une bonne règle à suivre : tenez fortement là où la main gauche forme le chevalet et légèrement là où la main droite tient la queue près du talon.
La faute la plus couramment commise, aussi bien par les débutants que par de nombreux amateurs avertis, consiste en une étreinte rigide et « mortelle » de la queue, qui empêche tout contact en douceur du procédé sur la bille n° 1.
D'autre part, il faut absolument tenir la queue le plus près possible de son « point d'équilibre » et non pas à son extrémité (voir le graphique n° 2). Cela permet de faire un chevalet plus court qui, généralement, engendre un coup de queue doux et mesuré, et la queue du billard reste parallèle à la table. (Je vous expliquerai cela en détail dans le chapitre intitulé : « Attaque de la bille n° 1 ».) N'oubliez pas de tenir légèrement votre queue à son point d'équilibre, avec le pouce et l'index — éventuellement avec le majeur aussi — sans essayer de l'étrangler. Il ne faut jamais tenir la queue autrement qu'avec les deux premiers doigts de la main et le pouce. En fait, la queue doit simplement reposer sur les deux premiers doigts et être maintenue par le pouce. Regardez de nouveau la photographie n° 5 (vue de dos). Vous remarquerez que la main n'appuie pas sur le haut de la queue, et que les deux derniers doigts de la main ne la touchent pas.
Lorsque l'on tient la queue à son extrémité il en résulte un mouvement de « pompage » : la pointe de la queue plonge quand vous l'éloignez de la bille et remonte quand vous l'en rapprochez. Cela rend pratiquement impossible l'exécution d'un point en douceur. Il est donc impossible de frapper avec précision la bille n° 1.
J'étais si jeune, lorsque j'ai commencé à jouer, que je n'étais pas assez grand pour me pencher au-dessus de la table, c'est pourquoi j'ai appris et mis au point une attaque de la bille où le bras est de côté. Jake Schaefer joue de la même façon pour la même raison. On dit que ce mouvement est l'une des marques distinctives de mon jeu. Mais j'en doute parfois.
Il y a quelques années, l'Association de billard m'avait demandé de faire une tournée de démonstrations dans tous les États-Unis ; c'est alors qu'on me demanda de remplacer, à la dernière minute, dans une petite ville du Kansas, Welker Cochran, alors champion du monde de trois-bandes, qui était tombé malade.
J'arrivai juste à temps, avec quelques minutes de retard. Le propriétaire de la salle de billard était surexcité, car une assemblée nombreuse attendait.
« Mon nom est Willie Hoppe, lui dis-je. Je remplace Welker Cochran. »
Son visage changea de couleur.
« Ces choses-là n'arrivent qu'à moi, répliqua-t-il. Pour une fois que j'avais un champion, voilà qu'il ne peut pas venir. Enfin, allez jouer, on vous attend, et faites-le le mieux possible. »
Heureusement, je jouai bien ce soir-là. A la fin de la démonstration, le propriétaire de la salle revint vers moi et me dit :

5

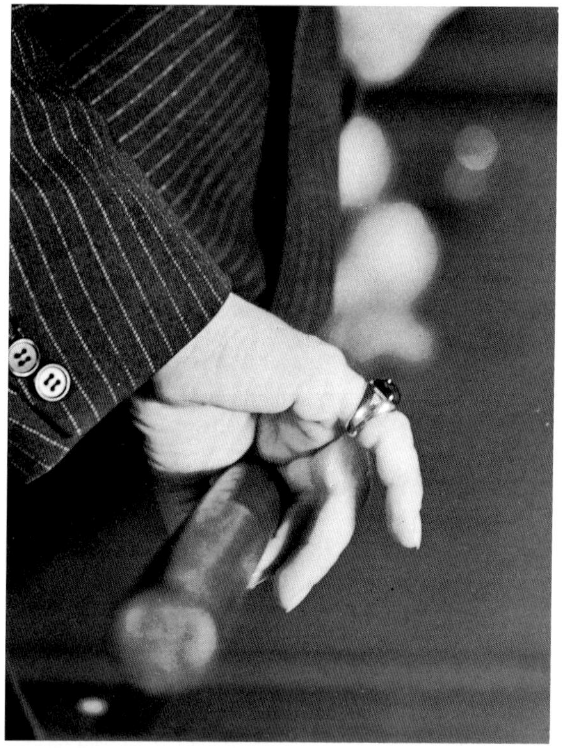

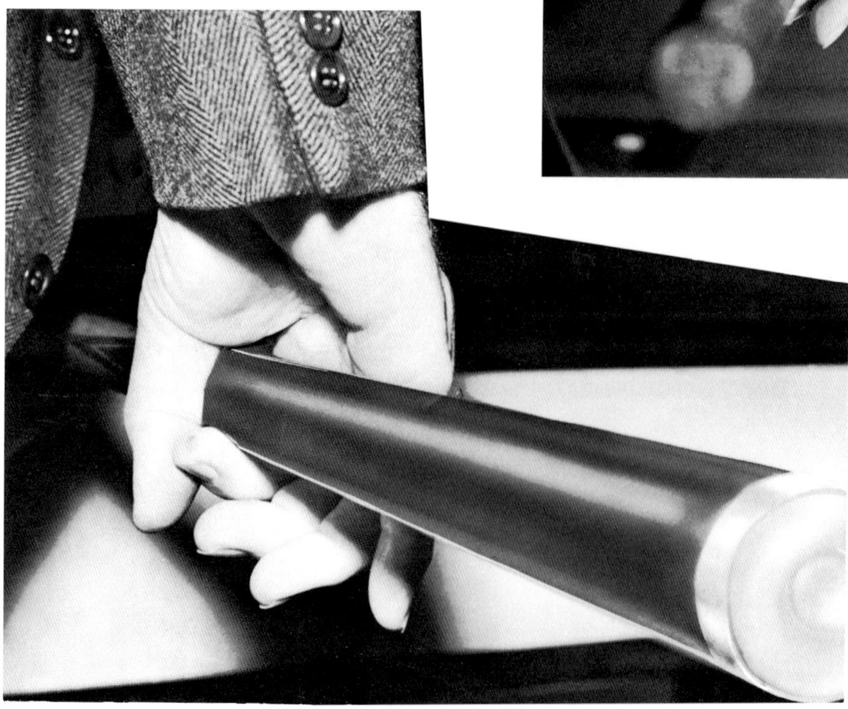

6

5. Comment tenir correctement la queue du billard, pour la main reposant sur le talon.

6. Tenue correcte de la queue pour un élan normal.

« Grâce à Dieu ! tout s'est bien passé, soupira-t-il. Malgré votre étrange coup de queue tournant sur le côté, vous ne jouez pas mal. Je n'ai jamais entendu parler de vous, affirma-t-il. Pouvez-vous me rappeler votre nom ? »

Je conseille cependant l'attaque du balancier orthodoxe. Regardez la photographie n° 6, la prise en balancier parfaite de Charlie Peterson. En tenant la queue de cette façon, on peut exécuter une attaque soutenue en avant, correcte. Cette méthode laisse la liberté d'action nécessaire au poignet. Au moment de l'attaque (le mouvement se fait en dessous du coude), il n'y a que l'avant-bras qui bouge.

Il faut que la partie du bras située entre l'épaule et le coude reste absolument immobile lorsque vous jouez — exactement comme un balancier d'horloge en mouvement — à partir du coude, de sorte que le mouvement du poignet soit libre et facile.

Lorsque l'on joue le balancier, et c'est l'attaque la plus naturelle pour la plupart des joueurs, l'avant-bras droit pend de façon presque perpendiculaire. Plus la distance à parcourir de la bille est grande, plus on peut reculer la main droite sur le talon de la queue. Il ne faut cependant jamais aller jusqu'à l'extrémité. Je joue mes coups les plus difficiles, et ceux qui demandent le plus de puissance, en tenant la queue un peu après le point d'équilibre. Le poids de la queue est suffisant pour exercer la poussée nécessaire.

Après avoir frappé la bille, et l'avoir suivie avec la queue, vous resserrerez naturellement votre étreinte en même temps, et votre main se fermera lorsque l'attaque sera effectuée. A ce moment, votre main droite est en ligne droite avec votre coude, la paume de la main touche la queue et se referme sur le talon de la queue.

Cela sera peut-être plus clair si je vous rappelle que, lorsque vous donnez un coup de queue, la queue est tirée en arrière, la main droite s'ouvrant légèrement vers le petit doigt, conservant à la queue un niveau constant, l'attaque en avant étant complétée par la main qui se referme sur la queue.

GRAPHIQUE N° 2

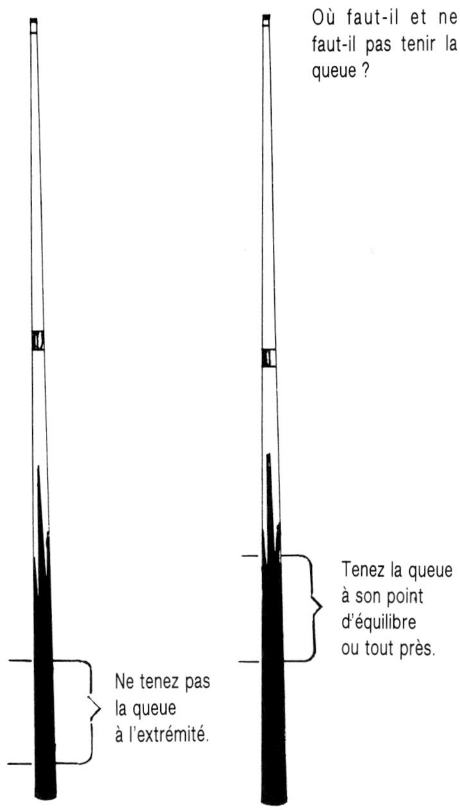

Voici trois interdits à ne pas oublier en ce qui concerne la tenue de la queue :
Ne tenez pas la queue serrée dans votre main.
Ne tenez pas la queue trop loin vers l'avant.
Ne tenez pas la queue trop loin vers l'arrière.

COMMENT FAIRE LES DIFFÉRENTS CHEVALETS

Rien n'est plus important qu'un chevalet assuré aussi bien au départ qu'à un stade de jeu avancé. Le chevalet forme la base pour le maintien de la queue. On trouve des variations chez les professionnels, généralement dues aux différentes longueurs de doigts. Mais le chevalet « orthodoxe à trois branches » reste toujours fondamental. Les deuxième et troisième doigts peuvent être soulevés ou baissés à partir de ce style de chevalet type, suivant les coups à jouer. Cela sera expliqué plus tard.

L'exécution de toutes les attaques — faciles et difficiles — dépend de l'assurance et du soin avec lesquels vous faites votre chevalet. C'est d'une importance tout à fait fondamentale.

Lorsque vous savez faire ce chevalet courant, d'une façon correcte, vous êtes en bonne voie pour mieux jouer au billard.

Apprenez, dès le début, à bien faire un chevalet et, très vite, vous le ferez inconsciemment.

3. Placez la queue contre et dans la rainure entre le pouce et l'index, comme sur la photographie n° 9.
4. Placez la queue à travers la boucle formée par votre index et votre pouce, puis ramenez fermement votre index en arrière contre la queue (voir photographie n° 10).

La deuxième phalange (repliée) de votre majeur et les deux autres doigts étalés et appuyés sur la table forment un trépied robuste avec la paume de votre main et votre pouce sur la table. N'oubliez pas de replier la première phalange de votre majeur. Cela vous donnera le chevalet type illustré par la photographie n° 10. Il m'arrive d'utiliser cette sorte de chevalet pour exécuter la plupart de mes rétros longs et rapides.

La queue passe à travers la boucle de l'index, et elle est guidée par l'index, le pouce et le majeur. Les photographies illustrent mieux que les mots ce que je veux dire.

MÉTHODE EN QUATRE POINTS

Voici la méthode en quatre points que je vous conseille pour faire votre chevalet. (Référez-vous constamment aux photographies jusqu'à ce que vous sachiez faire votre chevalet facilement, rapidement, en étant à l'aise.)

1. Placez votre main gauche à plat sur la table, avec la paume de la main bien appuyée sur le tapis (voir photographie n° 7).
2. Pliez ou doublez votre index jusqu'à ce que l'extrémité repose contre le pouce, formant une boucle (voir photographie n° 8).

LE CHEVALET ORTHODOXE À TROIS BRANCHES

Pour former le chevalet orthodoxe à trois branches (voir photographie n° 11), que j'utilise et recommande pour le trois-bandes, il faut détacher la paume de la main de la table et faire porter le poids de votre main sur le pouce, le majeur replié, l'annulaire et le petit doigt. La fermeté et la solidité de ce chevalet sont évidentes.

Il n'est pas possible de faire un chevalet plus solide. C'est, en fait, un chevalet à quatre branches, puisque sa base est formée de quatre points d'appui. Voyez

les deux positions complémentaires de ce chevalet fondamental sur les photographies n°s 22 et 23 du chapitre suivant. Je vous conseille d'étudier ces nouvelles positions de main, en même temps que celles que vous venez d'apprendre. Elles sont un peu différentes.

CHEVALET POUR LES COULÉS

Le chevalet employé pour les coulés, lorsque l'on frappe la bille au-dessus de son centre, est illustré par la photographie n° 12. Cette inclinaison latérale vous montre le recul dont il vous faut disposer pour frapper la bille n° 1, lorsque vous utilisez ce chevalet. Pour ma part, je m'en sers souvent au trois-bandes. Pour former ce chevalet, repliez l'index autour de la queue jusqu'à ce que la première phalange repose contre le pouce ; l'extrémité du pouce devant s'appuyer contre la deuxième phalange du majeur, ce qui forme un support pour la queue.

Les points de contact avec la table sont la paume de la main, la première phalange du petit doigt, l'extrémité de l'annulaire et la première phalange du majeur. Il se peut que la façon de former ce chevalet soit plus explicite sur les illustrations, aussi je vous conseille de revoir la méthode en quatre points représentée sur les photographies n°s 7, 8, 9 et 10.

Si votre index n'est pas assez long pour que sa première phalange soit repliée contre le pouce, vous pourrez toujours obtenir un chevalet solide en refermant le cercle avec l'extrémité de l'index contre le pouce, en tenant toujours fermement la pointe de la queue du billard. La fermeté et la solidité sont nécessaires à ce chevalet et à tous les autres, de même que la légèreté est la règle de maintien de la queue avec la main droite.

7

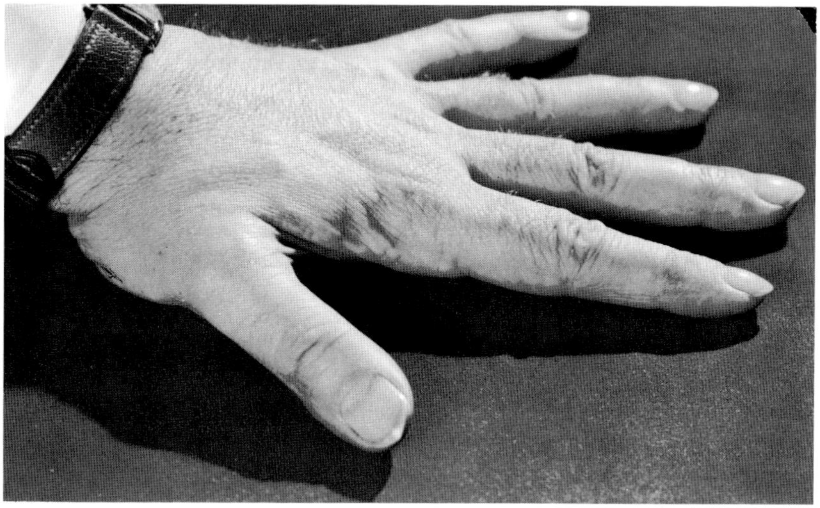

7. Le chevalet : position n° 1. Posez la main bien à plat sur la table.

CHEVALET POUR LES RÉTROS

Le chevalet recommandé pour les rétros (reculs) est illustré par la photographie n° 10 ; c'est pratiquement le même que celui que j'ai expliqué auparavant. Vous comprendrez la nécessité de replier le majeur sous la main, puisqu'il faut frapper la bille n° 1 au-dessous du centre pour obtenir un recul. Il est évident que ce chevalet permet de tenir la queue plus bas. Cependant, le chevalet de rétro formé « main fermée » n'est pas aussi au tapis que celui que j'expliquerai par la suite.

Pour impartir un mouvement de recul à la bille n° 1, et en même temps un mouvement en avant à la bille n° 2 — et c'est la fonction de ce chevalet — il faut former un chevalet plus long que dans le cas d'un recul court, et légèrement soulever le talon de la queue. La longueur des chevalets et le niveau d'élévation de la queue seront étudiés dans les prochains paragraphes.

La solidité caractéristique du chevalet à trois branches est valable aussi pour le chevalet de grand rétro. Lorsque vous exercez une pression constante sur votre main, le chevalet est aussi solide que s'il faisait partie de la table.

L'index doit envelopper complètement la queue, et son extrémité doit être soutenue par le pouce. Il faut tenir la queue suffisamment serrée pour qu'elle ne puisse absolument pas osciller. L'une des erreurs courantes consiste à laisser l'index « libre ». L'extrémité de l'index doit être repliée sous le pouce et maintenue fermement.

8

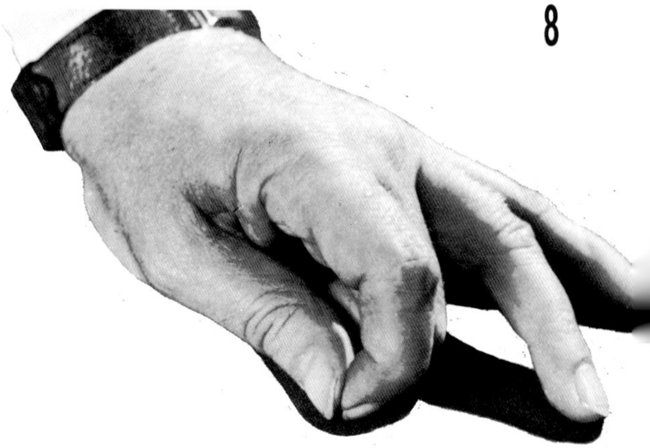

9

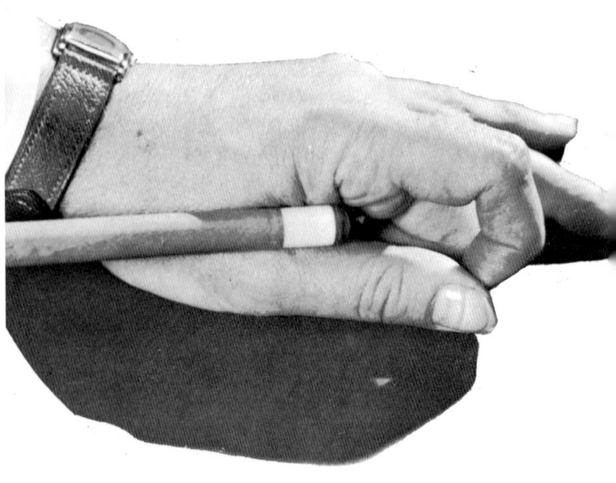

8. Le chevalet : position n° 2. Repliez l'index jusqu'à ce que son extrémité repose contre le pouce pour former une boucle.

9. Le chevalet : position n° 3. Placez l'extrémité de la queue contre et dans le creux de la boucle formée par le pouce et l'index.

La façon de plier l'index et de placer les autres doigts, telle qu'elle est montrée sur la photographie n° 17, est facile et naturelle, avec un peu d'entraînement. C'est vrai pour tous les autres styles de chevalet. N'importe quel joueur peut y arriver, qu'il ait les doigts courts ou longs.

10

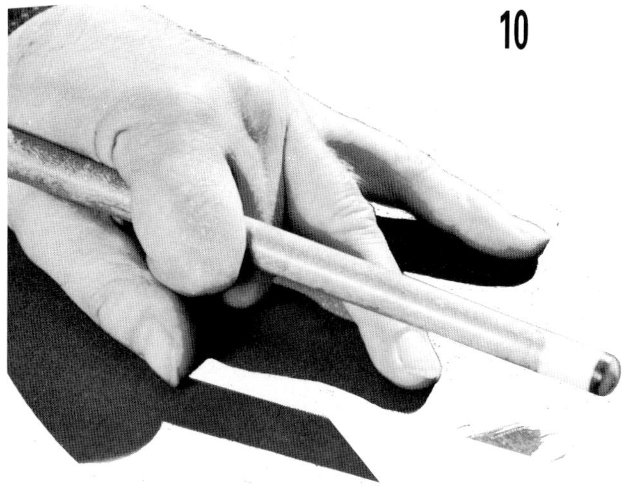

CHEVALET À MAIN FERMÉE POUR LES RÉTROS COURTS

Jake Schaefer senior fut le premier grand joueur professionnel qui utilisa le chevalet à main fermée pour exécuter les rétros courts. De nos jours tous les grands joueurs utilisent ce type de chevalet.

Aucun chevalet ne fournit une base plus solide que le chevalet à main fermée. La queue passe au-dessus du pouce, qui repose à plat sur la table, puis elle passe entre l'index et le majeur, l'index enveloppant de nouveau complètement la queue, son extrémité

11

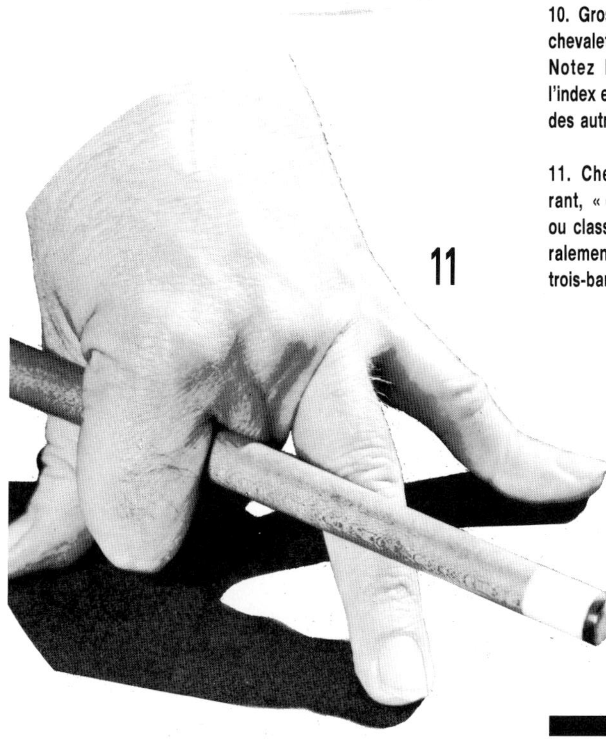

10. Gros plan d'un chevalet classique. Notez le repli de l'index et la position des autres doigts.

11. Chevalet courant, « orthodoxe » ou classique, généralement utilisé au trois-bandes.

12

13

reposant contre le pouce. Les autres doigts sont repliés de la même façon que pour donner un coup de poing (voir photographie n° 13). Rappelez-vous que ce chevalet ne doit être utilisé que pour les rétros, et jamais lorsque la bille n° 2 doit effectuer un long parcours.
Le grand avantage de ce chevalet facile est qu'il assure une attaque extrêmement précise sur la bille n° 1. Il oblige à frapper exactement là où l'on a visé. De plus, il permet de tenir la queue aussi bas que possible. Enfin, dernier avantage, il assure un recul rapide de la bille n° 1.

CHEVALET SUR LA BANDE

Dans 90 % des cas où la bille n° 1 se trouve près de la bande ou contre elle, il faut tenir la queue presque parallèle à la bande.
J'insiste sur ce fait parce que j'ai remarqué que les débutants, comme les joueurs avertis, commettent souvent l'erreur de soulever le talon de la queue pour jouer, lorsque la bille n° 1 est près de la bande. Il ne faut soulever la queue de billard que lorsque vous avez besoin de faire un demi-massé ou de jouer par-dessus la bille n° 2. Or, aucune de ces deux situations ne se présente fréquemment. Le mouvement d'élévation est entièrement expliqué dans le chapitre suivant intitulé : « Attaque de la bille n° 1 ». Le massé est étudié à la fin de ce chapitre.
Les chevalets sur la bande sont des appuis solides : l'index et le majeur, placés de part et d'autre de la queue, s'appuient légèrement contre la queue et forment un sillon dans lequel celle-ci glisse facilement. Lorsque la bille n° 1 est un peu éloignée de la bande, utilisez le chevalet représenté sur la photographie n° 14. Lorsque la bille est contre ou presque contre la bande, ou encore collée à la bande, utilisez le chevalet illustré par la photographie n° 15. Notez que le pouce est fermement appuyé contre la bande pour donner plus de solidité au chevalet. Vous constaterez vite que ce dernier chevalet place les points de la queue plus loin de la bille n° 1, comme voulu. Le premier chevalet place le procédé plus près de la bille n° 1, comme il le faut. La seule différence fondamentale entre ces chevalets est donc leur longueur. Étudiez-les sérieusement et vous réussirez à les faire facilement.
Le chevalet de demi-massé — photographie n° 16 — est recommandé quand la bille n° 2 est à côté de la bille n° 1, près de la bande. Les doigts forment une base solide à ce style de chevalet, et la queue repose dans le sillon extérieur formé par le pouce et l'index. Exercez-vous à faire ce chevalet jusqu'à ce qu'il soit solide.
Le problème de l'inclinaison de la queue suit des règles faciles. La surface supérieure de la bande sert de guide, la bande y reposant à plat. La bande comprend un côté légèrement biseauté qui permet de diriger parfaitement le mouvement de la queue lorsqu'elle repose dessus.
Il vaut mieux utiliser les chevalets sur la bande que la plupart des chevalets de secours incertains généralement employés, où la main doit être déformée pour faire un appui à la queue à cause de la position de la bille n° 1.

Rappelez-vous que les conditions de jeu ne permettent pas toujours l'utilisation de ces chevalets à la bande, mais, dans la plupart des cas, ces chevalets et les règles que j'ai mises en valeur prouvent leur efficacité à 100 %.

12. Chevalet pour les coulés et attaques où l'on frappe la bille au-dessus du centre. Vue de profil. Longueur moyenne de la flèche.

13. Chevalet à main fermée, pour des rétros courts.

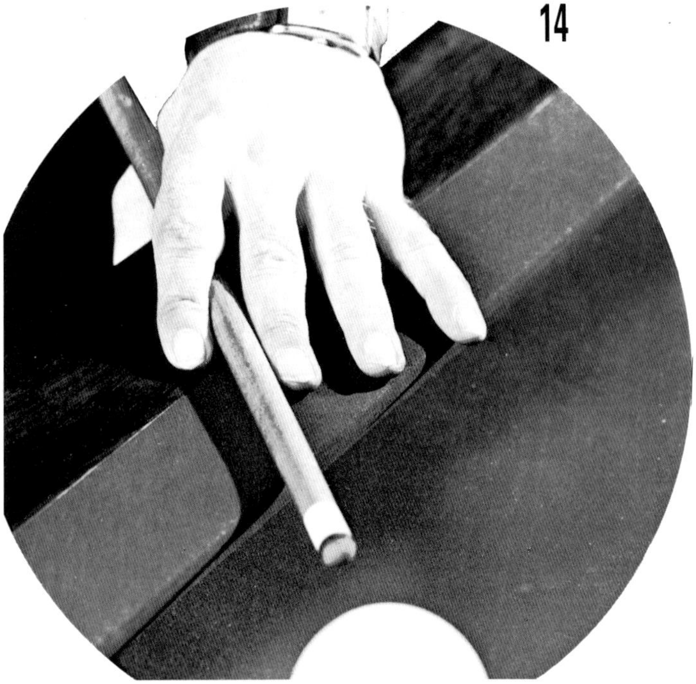

14

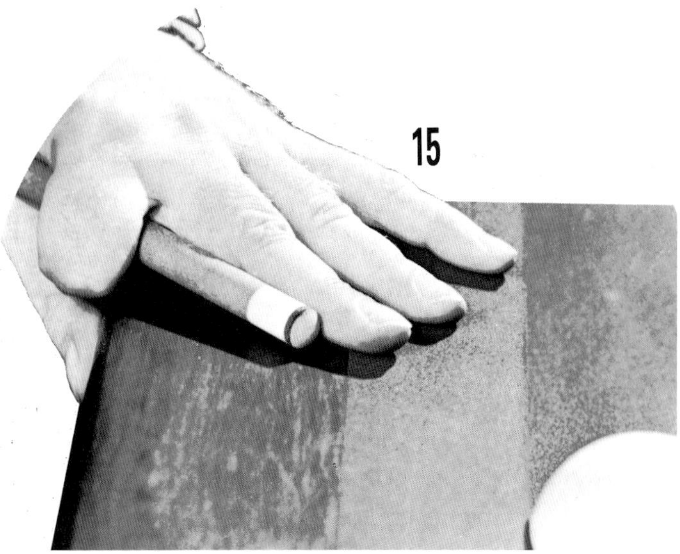

15

CHEVALET AU-DESSUS D'UNE BILLE

Pour jouer au-dessus d'une bille, formez le chevalet en faisant porter le poids de votre main sur le petit doigt et le majeur, à l'aide de l'annulaire. Ce chevalet est montré de trois quarts sur la photographie n° 17. La queue glisse dans le sillon du pouce soulevé.
Pour ce même coup, on peut utiliser un autre style de chevalet formé en appuyant fortement le petit doigt sur le tapis, quant à la première phalange du majeur et de l'annulaire, elle intervient uniquement comme support secondaire.
La queue est placée dans le sillon formé par le pouce soulevé et le côté extérieur de l'index.
Il peut vous sembler que, dans ce chevalet, la queue touche la bille n° 3, mais, si vous regardez les ombres sur le tapis, vous verrez l'espace qui les sépare. Pour ce style de chevalet, il faut toujours placer la main qui forme chevalet aussi près que possible de la bille n° 3, mais assez loin pour ne pas la toucher avec la main, et bien sûr, à la distance que vous jugerez normale.
Assurez-vous que votre chevalet est rigide et solide avant de donner le coup de queue.

SAVOIR CHANGER DE MAIN

Les billes sont souvent difficiles à atteindre en utilisant les chevalets courants. Aussi est-il très important d'apprendre à tenir la queue et à jouer de la main gauche, si vous êtes droitier (et de la main droite, si vous êtes gaucher).

16

LONGUEUR DE LA FLÈCHE

La réglementation de la longueur de la flèche fournit incontestablement au joueur une aide précieuse qui lui permet de frapper la bille n° 1 à l'endroit visé et de contrôler les billes n°s 2 et 3. La longueur de la flèche est la distance qui sépare la bille n° 1 de la main formant chevalet.
Au trois-bandes, où la distance à parcourir est souvent grande, la prise de la flèche doit mesurer entre 15 et 18 cm. Pour un coup demandant une force inhabituelle, la prise de la flèche peut quelquefois mesurer entre 20 et 23 cm.
La longueur moyenne de la prise d'une flèche est indiquée sur la photographie n° 12.
Les attaques de loin exigent une prise de flèche longue. Un coulé moyen ou une attaque normale par la bande doivent être joués avec une prise de flèche d'environ 13 cm. Le jeu de près, c'est-à-dire le jeu dans lequel les billes bougent très peu, nécessite une prise de flèche courte qui mesurera environ 9 cm.
Utilisez de préférence, et le plus souvent possible, une prise de flèche courte. Cela vous permettra de frapper la bille n° 1 avec plus de précision que si vous employiez une prise de flèche longue, cette dernière ayant pour inconvénient d'être plus flexible, donc moins précise.
Plus la prise de flèche est longue, plus il est facile de manquer le point visé sur la bille n° 1, et ensuite la bille n° 2.

Parmi les grands professionnels, les différences de style sont minimes en ce qui concerne le coup de queue, les chevalets, etc. J'ai pourtant rencontré un

De nombreux coups, qui sont pratiquement injouables normalement, deviendront très faciles à réaliser si vous savez changer de main.
Je vous conseille de n'apprendre et de ne pratiquer les positions renversées qu'après avoir appris la façon de tenir la queue et les chevalets naturels et fondamentaux.
Si vous devenez ambidextre, vous ferez d'énormes progrès.

14. Chevalet sur la bande. A utiliser lorsque la bille est détachée ou près de la bande.

15. Chevalet sur la bande. A utiliser lorsque la bille est contre, presque contre, ou tout contre la bande.

16. Chevalet pour demi-massé. A utiliser lorsque la bille n° 2 est rapprochée de la bille n° 1, près de la bande.

17

18

17. Chevalet à utiliser pour jouer au-dessus d'une bille.

18. Tenues de la queue et du chevalet de remplacement (râteau).

19

fanatique du billard qui pouvait dire, au son, qui était en train de jouer.
J'ai connu cet enthousiaste, un vétéran de la Première Guerre mondiale, au cours d'une tournée avec le regretté George Sutton. C'était à Omaha, dans le Nebraska. Il était venu à notre démonstration.
Il resta assis pendant tout le temps que dura notre match en 400 points. A la fin, sa femme vint me demander si je voulais bien faire sa connaissance. J'acceptai évidemment, et nous bavardâmes longuement. Il me dit qu'il avait apprécié la partie.
« J'aime le son de l'ivoire, me dit-il. Il y a une différence énorme entre le choc de vos billes et celui de M. Sutton. C'est ma façon de "regarder" avec le son de l'ivoire. »
Cet homme était aveugle.

LES MASSÉS

Les chevalets pour massés sont les plus difficiles de tous et réservés aux joueurs avertis. Tout le poids de la main repose sur l'annulaire et le petit doigt, le majeur servant de support auxiliaire, le chevalet devant être solide. Les points de contact avec la table sont les extrémités de l'annulaire et du petit doigt, ainsi que la première phalange du majeur. Regardez sur la photographie n° 19 la pression exercée sur les doigts, dans une position correcte et courante de chevalet pour massé.
Assurez bien les doigts formant le chevalet, comme sur l'illustration, puis tournez la main vers l'extérieur, à gauche, le plus loin possible. Ainsi votre chevalet sera solide. L'index et le pouce sont repliés et ne doivent pas toucher le tapis. La queue glisse dans le sillon formé entre le pouce relevé, et l'index, sur la partie externe de la main.
N'oubliez pas de vous tenir de face, dans la mesure du possible, et aussi près de la table qu'il est nécessaire. Pour déterminer votre position (posture), je vous invite à suivre ce conseil : ajustez votre attaque comme d'habitude pour situer l'endroit où vous devez vous placer, puis faites faire à votre corps un demi-tour à droite, en d'autres termes, en face,

19. Chevalet courant pour massé.

20

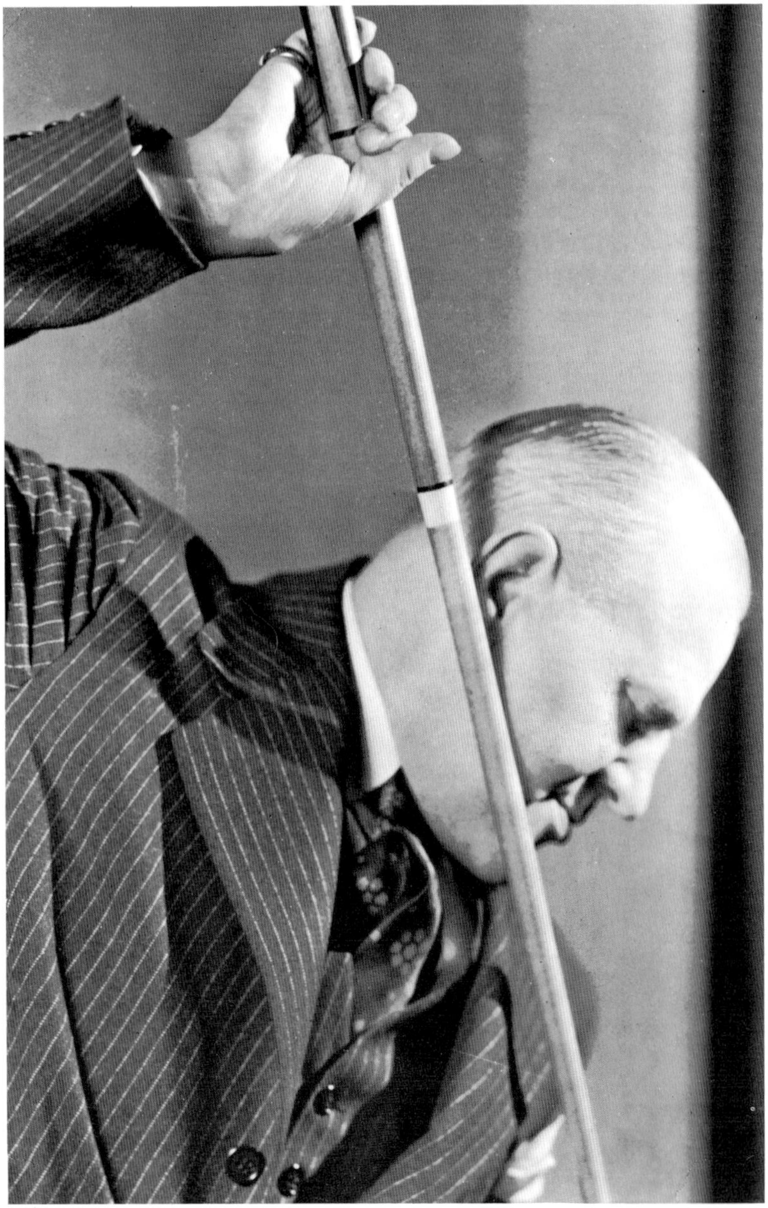

puis penchez légèrement et naturellement votre corps en avant (voir photographie n° 21).

La façon de tenir la queue pour exécuter un massé est indiquée sur la photographie n° 20. Remarquez que la main est tournée vers le sol, du côté de l'index, et que, comme d'habitude, le pouce, l'index et le majeur sont en contact avec la queue.

Toutefois, certains joueurs chevronnés inversent cette position pour jouer les massés. La main est alors tournée vers le sol, le petit doigt vers le bas, et ils tiennent la queue avec les extrémités du majeur, de l'index et du pouce.

Pour la plupart des massés, il faut tenir la queue en dessous de son point d'équilibre, vers son extrémité. Regardez de nouveau la photographie n° 20 pour bien comprendre ce détail.

CHEVALET POUR MASSÉ SANS APPUI

Un massé sans appui (pour joueurs avertis) signifie une attaque dans laquelle la main formant chevalet ne touche ni ne repose sur la table (le tapis). Voyez la photographie n° 21. (Ici, la position indiquée permet de réaliser un trois-bandes.)

Ce chevalet se fait en fermant la main et en glissant la queue dans une boucle formée par le pouce et l'index. L'index est complètement enroulé autour de la flèche et la maintient fermement (voir de nouveau la photographie n° 21).

Dans la mesure où la main formant chevalet ne touche pas le tapis, vous assurerez la stabilité de votre chevalet en tenant le bras contre le côté gauche, le coude fortement appuyé sur le côté et l'avant-bras raide. Le bras, le poignet et la main

doivent être aussi immobiles que possible. La façon de tenir la queue est la même pour ce chevalet de massé sans appui que pour les autres massés.
Le chevalet sans appui est utilisé lorsque le mouvement de recul doit être important. Il faut avoir la main très sûre, car, comme je l'ai déjà expliqué, aucune des deux mains ne repose sur le tapis, et la photographie n° 21 illustre parfaitement cette position sans appui. Vous y voyez la position devant le billard, la façon de tenir la queue et l'endroit où il faut la tenir, le chevalet, l'inclinaison du corps et l'angle de la queue. L'angle correct de la queue pour ces attaques est étudié dans un chapitre suivant sur le « Massé ».
La raison essentielle pour laquelle on utilise un chevalet, quel qu'il soit — en maintenant la queue sur le tapis — est d'abord la stabilité.
Évitez les prises de flèches longues.
Gardez la main gauche (formant le chevalet) sur le tapis, après avoir frappé la bille. En d'autres termes, la main du chevalet doit rester en position, immobile, après que le coup de queue est parti, pour éviter ce que l'on appelle effet du corps, ou torsion qui enlève toute précision.

21

20. Tenue de la queue pour faire un massé.

21. Vue générale d'ensemble d'une position de massé (à main levée). Maintien de la queue, chevalet et position d'attaque de la bille.

ATTAQUE DE LA BILLE N° 1

Savoir attaquer la bille n° 1 est fondamental, après avoir appris à faire un chevalet correct et stable. Vous ne saurez jamais jouer au billard si vous n'attaquez pas convenablement votre bille.

Il est certain qu'un jeu médiocre, et des progrès lents sont le plus souvent causés par une mauvaise attaque de la bille.

Le point le plus important dont vous devez vous souvenir lorsque vous attaquez votre bille est simplement d'éviter tout effet qui serait exagéré.

Tous les grands joueurs ont appris cette règle en débutant, et lorsque vous les observerez en train de jouer, vous constaterez qu'ils utilisent rarement l'effet maximal.

Les billes ont un diamètre de 61,5 mm, *ne frappez donc jamais votre bille à l'extérieur de ce cercle imaginaire, ce qui vous permettra de bien jouer.* Autrement dit, le procédé ne doit pas sortir de ce cercle. Étant donné qu'il n'est pas possible de tracer des lignes sur la bille n° 1, souvenez-vous de ceci : ne frappez pas plus qu'à mi-chemin entre le centre et le bord extérieur de la bille. Tous les coups frappés à l'extérieur de ce cercle vous font prendre un risque et peuvent entraîner des fausses queues ; ils doivent être évités à tout prix.

Regardez le graphique n° 4 pour l'avoir en tête au premier coup d'œil. Ce graphique vous montre où frapper la bille n° 1 et les aires correspondant aux coups de queue fondamentaux. Le dessin représente la bille, vue de face. Ce n'est pas son diamètre exact, mais sa surface relative est représentée correctement.

Les coups frappés à mi-chemin entre le centre et le bord supérieur de la bille n° 1 engendreront un coulé (voir photographie n° 22 et graphique n° 4).

Les coups frappés au milieu du centre et du bord inférieur de la bille n° 1 engendreront un rétro (regarder attentivement la photographie n° 23).

Étudiez soigneusement les chevalets sur ces deux dernières photographies. Elles sont utiles parce

22

22. Endroit (hauteur) correct où il faut attaquer la bille n° 1 pour la plupart des coulés.

qu'elles montrent, sous de nouveaux angles, les positions de main des différents styles de chevalets illustrés et qui sont expliqués dans le paragraphe précédent intitulé : « Indications concernant les différents chevalets ».

Les attaques au centre et à droite de la bille engendreront un effet à droite, et les attaques au centre et à gauche engendreront un effet à gauche. Regardez de nouveau le graphique n° 4 pour bien vous représenter l'endroit où il faut frapper la bille pour obtenir un effet à gauche et un effet à droite.

Il y a, bien sûr, des variations de l'effet dans les coulés et les rétros. Par exemple, un coup frappé en haut et à droite du centre engendrera à la fois un coulé et un effet à droite ; un coup frappé en bas et à droite du centre, à la fois un rétro et un effet à droite ; un coup frappé en haut et à gauche du centre, à la fois un coulé et un effet à gauche ; un coup frappé en bas et à gauche du centre, à la fois un rétro et un effet à gauche. Regardez le graphique n° 4 pour retenir les points où il faut frapper la bille n° 1 dans ces quatre types d'attaque.

Le meilleur exercice pour bien toucher la bille n° 2 consiste à placer la bille n° 1 près de la bille n° 2, puis à augmenter graduellement la distance entre ces deux billes au fur et à mesure que vous progressez.

N'oubliez pas de faire des exercices. La pratique et l'expérience doivent être les guides de votre méthode générale de jeu.

On m'a souvent demandé pourquoi j'inclinais ma queue sur le tapis face à la bille n° 1 en visant, avant de donner mon coup de queue.

La raison est que ce geste me donne une vue dégagée du coup — de la bille n° 1 à la bille n° 2 — et m'indique l'endroit où je dois frapper la bille n° 1 et ensuite la bille n° 2. Cela s'appelle le limage ou le coup préparatoire.

Il est facile de comprendre qu'en inclinant la queue de cette manière vous voyez beaucoup mieux le coup qui est devant vous. Bien entendu, la queue

23

23. Endroit correct où il faut frapper la bille n° 1 pour la plupart des rétros.

frappe le point de la bille n° 1 que vous visez, seulement au moment où vous donnez un coup de queue incliné. Cela est expliqué dans le chapitre intitulé : « Coup de queue et coulé ». (Voir plus loin.)

COMMENT TOUCHER LA BILLE N° 2

Le graphique n° 3 illustre la façon dont la bille n° 1 doit toucher la bille n° 2 lorsqu'il faut « prendre plein » et lorsqu'il faut toucher dans les quantités suivantes : 3/4, 1/2, 1/3, 1/4, et aussi 4/5, 2/3 ou « toucher fin ». Exercez-vous à toucher la bille n° 2 comme indiqué sur le graphique n° 3 ; vous vous apercevrez par la suite que cette phase est essentielle pour bien jouer.

COMMENT VISER

Choisissez les points des billes n°s 2 et 1 que vous voulez toucher, puis concentrez-vous sur cette ligne de visée. Regardez l'extrémité de la queue au moment des visées préliminaires pour vous assurer que le procédé va bien toucher l'endroit que vous voulez atteindre. L'œil et la main doivent agir en parfait accord.

Votre regard doit aller de la bille n° 1 à la bille n° 2 puis revenir à la bille n° 1 et y rester, de façon à regarder la bille n° 1 plutôt que la bille n° 2 avant de donner le coup.

La question a souvent été soulevée de savoir si le dernier regard du joueur avant de frapper la bille n° 1 doit être sur la bille n° 1 ou sur la bille n° 2. En ce qui me concerne, mes yeux regardent toujours en dernier lieu la bille n° 1.

Cependant, plusieurs de mes camarades professionnels ont souvent voulu parier avec moi que j'avais tort. Quoi qu'il en soit, cela n'a aucune répercussion sur le jeu. Les deux méthodes sont satisfaisantes, et vous en adopterez une de façon inconsciente et automatique.

En parlant de pari, je me souviens d'un incident tout à fait drôle. Charlie Peterson et moi-même faisions l'une de nos nombreuses tournées, il y a plusieurs années. Nous arrivâmes donc tous deux à Spokane (État de Washington) pour une démonstration.

Avant le début de la partie, un chef indien, couvert d'insignes resplendissants de sa tribu, alla voir Peterson, pensant qu'il était mon manager.

« Mon fils est un excellent joueur, dit-il à Pete en bon anglais. J'aimerais organiser une partie entre M. Hoppe et mon fils à la fin de ce match, disons 250 points pour un pari unilatéral de 10 000 dollars. »

Pete ne savait que répondre. Il savait que, comme lui, je ne faisais jamais de pari sur mon jeu au billard. Nous nous demandions tous les deux comment trouver le moyen d'éviter cette partie sans passer pour des aigrefins.

Nous commençâmes notre match sans avoir donné de réponse au chef. A la fin de la démonstration, je jetai un regard malicieux vers l'endroit où s'étaient assis les Indiens, mais ils étaient partis. J'avais fait ce soir-là une série de 246 au cadre.

Ce qui prouve, de nouveau, qu'il ne faut jamais défier un homme sur son terrain.

GRAPHIQUE N° 3

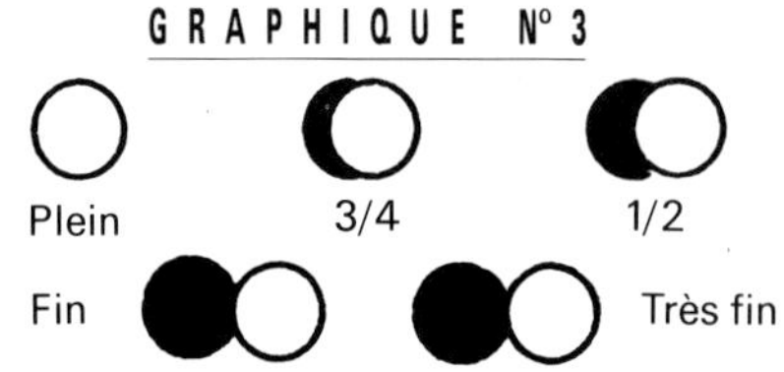

Comment frapper la bille n° 2.

UTILISATION DE L'EFFET

L'effet, que l'on appelle rotation, est un terme qui définit l'action de frapper la bille n° 1 latéralement, pour lui donner un mouvement particulier de rotation qui a beaucoup d'importance au moment où la bille n° 1 entre en contact avec la bille n° 2 ou avec la bande. L'effet affecte également le parcours de la bille n° 2 en la faisant tourner dans la direction opposée à celle de la bille n° 1 qui la touche.
La bille n° 2 engendre, à son tour, une rotation inverse à la bille n° 3, laquelle reprend donc l'effet de la bille n° 1.
Très peu de joueurs, débutants ou avertis, savent à quel point l'effet excessif est dangereux et nuisible. Non seulement il provoque souvent des fausses queues, mais encore il influence le parcours de la bille n° 1 qui risque de toucher la bille n° 2, ou la bande, à un millimètre de l'endroit visé. Ce qui est suffisant pour faire la différence entre un point réussi et un point manqué — une victoire et une défaite.
J'utilise le moins d'effet possible, et uniquement lorsque c'est absolument indispensable. Welker Cochran, Jake Schaefer, Johnny Layton et tous les autres champions de premier ordre utilisent moins d'effet que le joueur moyen, et leur réussite se passe de commentaires. Ils connaissent la valeur du sans effet pour la précision de l'attaque, et ils ont appris leur leçon par un entraînement assidu.
Tous les joueurs devraient profiter de leur expérience et de la mienne, acquise après quarante ans de compétition. Le plus grand interprète du sans effet, au trois-bandes, était le regretté Augie Kieckhefer, qui fut plusieurs fois champion du monde à ce mode de jeu.
Environ 80 % des points peuvent être réalisés en touchant la bille pleine. Cependant, étant donné qu'il est à peu près impossible de frapper la bille n° 1 exactement au centre à chaque coup de queue, il est préférable d'utiliser un léger effet avantageux pour avancer ou reculer, comme je l'ai expliqué dans le chapitre précédent : « Attaque de la bille n° 1 ».
En utilisant l'effet, je le répète, ne frappez jamais la bille n° 1 au-delà d'un cercle ayant pour rayon la moitié du rayon réel de la bille.
Regardez le graphique n° 4, qui délimite sur la bille n° 1 les aires de base où vous devez frapper. On obtient un coulé en frappant la bille en A, et tous les coups de queue situés au-dessus de la ligne E-D engendreront un coulé. On obtient un rétro en frappant la bille en B, et tous les coups de queue situés au-dessous de la ligne E-D engendreront un rétro.

GRAPHIQUE N° 4

Comment frapper la bille n° 1.

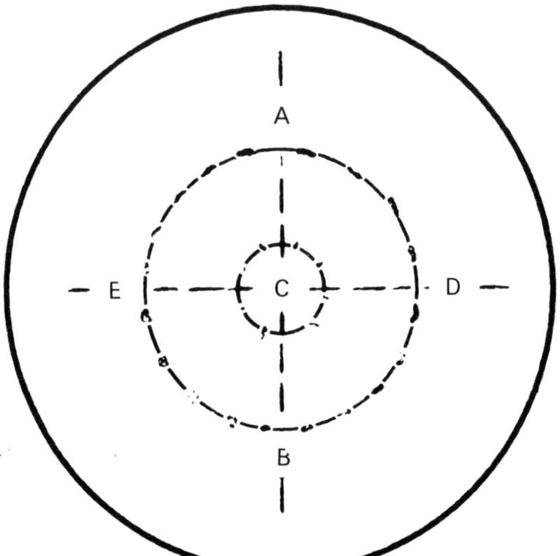

Les coups de queue situés au-dessus de la ligne ED engendrent un coulé.
Les coups de queue situés au-dessous de la ligne ED engendrent un rétro.
Les coups de queue situés à droite et à gauche de la ligne AB provoquent de l'effet.
Frappez de préférence en haut, en bas, à droite et à gauche, à l'intérieur du petit cercle C.

L'effet à droite ou à gauche est obtenu en frappant la bille respectivement en D ou en E ; par conséquent, tous les coups de queue situés à droite de la ligne A-B engendreront de l'effet à droite et les coups de queue situés à gauche de la ligne A-B donneront de l'effet à gauche.
Si vous suivez strictement ces règles, vous éliminerez 75 % des fausses queues, et vous frapperez la bille n° 2 une fois sur deux de façon plus efficace.
Souvenez-vous d'un point important qui vous servira au trois-bandes et qui sera entièrement expliqué dans un chapitre intitulé « Science du jeu de billard » : si vous frappez la bille n° 1 située au centre du billard, avec un effet maximal, en visant le losange central de la petite bande, votre bille reviendra au losange central de la grande bande. Cela représente l'effet maximal.
Je n'ai aucune règle précise à vous soumettre pour l'utilisation de l'effet. En vous entraînant, vous apprendrez vite dans quelle mesure il faut s'en servir. Je n'ai pas besoin de vous dire que, si la bille doit tourner à droite, il faut mettre de l'effet à droite, et vice versa.
N'oubliez jamais ceci : mettez le moins d'effet possible.

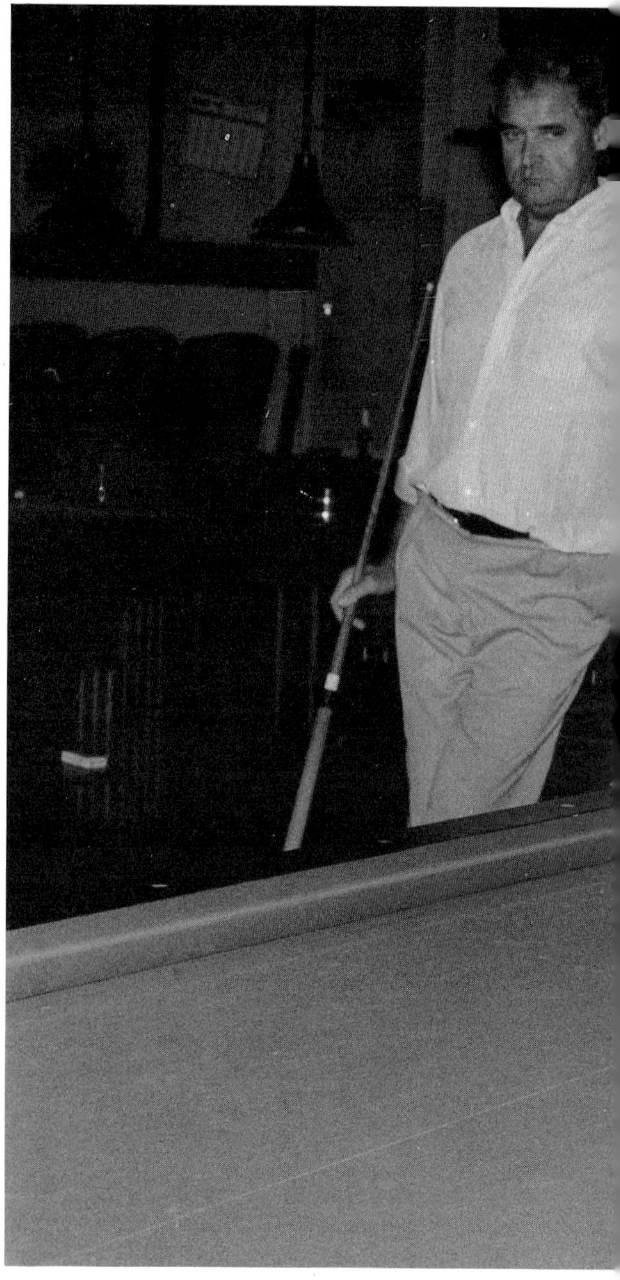

Ci-contre : **coup de bande-avant.**

COUP DE QUEUE ALLONGÉ

Lorsque je regarde de jeunes joueurs pour déceler lesquels méritent une attention spéciale, je suis toujours attiré par ceux qui ont un coup de queue régulier, cadencé, et qui le suivent d'une façon nette.

Tous les grands joueurs sont également attirés par ces qualités. Montrez-moi un joueur qui a un bon coup de queue, et je vous montrerai un bon joueur de billard, sinon sur-le-champ, du moins dans un futur très proche.
Pour acquérir un bon coup de queue, régulier, vous devez contrôler votre queue après qu'elle a touché la bille n° 1.

Voici quelques axiomes concernant le coup de queue qui vous rendront service :
1. Maintenez le niveau de la queue aussi parallèle que possible à la table (au tapis). Les quelques cas où l'élévation de la queue est nécessaire (en soulevant légèrement la main droite) sont expliqués quelques paragraphes plus loin ; évitez, chaque fois que vous le pouvez, de viser la bille n° 1 trop bas, car, dans un coup de queue naturel et bien donné, la queue a toujours tendance à plonger. Maintenez le niveau de la queue, autant qu'il est possible, parallèle à la table ;
2. Suivez la bille n° 1, sans tenir compte du fait que

24

24. Coup de queue correct, deuxième mouvement, balancier arrière maximal.

vous avez pris plein, avez coulé, avez fait un rétro ou avez pris l'effet ;

3. Terminez votre coup de queue avec l'extrémité (le procédé) de la queue, à 5, 7, 10 cm ou même plus loin de l'endroit où se trouvait la bille n° 1. Cela en fonction de la force (mais aussi de la rapidité) du coup de queue à donner et de la distance que doit parcourir la bille n° 1 ou la bille n° 2. Un conseil : allongez ! Les problèmes de la vitesse et de la puissance seront traités dans le chapitre suivant ;

4. Gardez la queue sur sa ligne de visée (d'attaque) et ne retirez pas tout de suite la main formant chevalet sur le tapis. Reportez-vous aux photographies n°s 24 et 25, et aussi 26, 27 et 28, qui montrent mon coup de queue — du début à la fin. La fin de course du coup de queue et l'allongé du coup de queue sont clairement illustrés sur les photographies n°s 26, 27 et 28. Sur ces trois photographies, les billes n°s 2 et 3 sont placées là, pour bien vous montrer que, dans la plupart des cas, la queue peut suivre très loin la bille n° 1. Remarquez aussi la tendance de la queue à plonger vers le tapis. Cela vous montre comment réagit le procédé contre la bille n° 1 et vous indique qu'il faut tenir la queue le plus parallèlement possible à la table pour éviter que la bille ne saute ;

5. Ne laissez jamais votre procédé vaciller en l'air

25

25. Coup de queue correct, troisième et dernier mouvement, fin de l'allongé. La queue reste dans sa ligne d'attaque et la main formant chevalet se maintient sur le tapis après que la queue a frappé la bille n° 1.

après avoir donné votre coup de queue. Allongez toujours après chaque coup. Cela est aussi vrai au billard que dans n'importe quel sport ;
6. Ne laissez jamais le procédé dévier à droite ou à gauche lorsque vous mettez de l'effet sur la bille n° 1. Allongez droit devant. Étant donné que le procédé n'est en contact avec la bille que pendant une fraction de seconde, si votre coup de queue est droit, net et allongé, il influencera énormément le parcours de la bille n° 1 en prolongeant le contact qui n'est pas entièrement visible à l'œil nu ;
7. J'ai vu de nombreux joueurs commettre l'erreur de guider (faucher) leur queue dans la direction où ils voulaient mettre de l'effet. C'est une faute dangereuse qu'il ne faut jamais commettre. Il m'est arrivé de voir des champions faire cette erreur en compétition lors de championnat du monde. J'espère qu'ils ont depuis corrigé ce défaut.

Il ne faut jamais jouer de cette façon ; jamais non plus faire une fausse queue en jouant de la sorte, puis, à défaut de mieux, regarder le procédé et dire : « Donnez-moi une lime. »
Je vous rapporterai ce que Jake Schaefer senior m'a déclaré :
« Ce n'est pas aux billes, au billard ou à la queue qu'on demande d'être intelligents, fiston, mais bien à toi ! »

LIMAGE

Il faut donner au moins deux ou trois coups de queue préparatoires (limage) avant de frapper la bille n° 1. En d'autres termes, il faut amorcer deux ou trois coups de queue pour acquérir la force et la précision exactes avant de frapper votre bille. Cela vous donne un meilleur coup de queue, tout en vous assurant de frapper là où vous avez visé. Le dernier coup est légèrement plus rapide, la vitesse supplémentaire résultant du mouvement prompt et vif du poignet plus que de toute autre chose.
Exercez votre coup de queue en ne jouant qu'avec la bille n° 1 que vous frapperez carrément au centre. Le choc doit être rapide sans être trop fort, le coup de queue allongé et la queue doit rester sur sa ligne (de visée) d'attaque.
Naturellement, la longueur de votre balancier arrière correspond à la longueur du chevalet, et la prise de flèche est la distance combinée de la longueur de votre chevalet et du coup (donné) allongé.

Un coup de queue comprend trois mouvements : limage, balancier arrière et attaque allongée (voir de nouveau les photographies nos 24 et 25).
Le coup de queue doit ressembler au mouvement d'un balancier — parfaitement régulier — et le dernier mouvement doit être identique aux coups préliminaires, sauf qu'il doit être légèrement plus rapide.

26

27

28

26. Départ d'un coup de queue allongé correct pour coulé.

27. Stade intermédiaire d'un coup de queue allongé correct après que la queue a frappé la bille n° 1.

28. Fin d'un coup de queue allongé correct ; cas extrême où la queue suit sur environ 40 cm, après avoir frappé la bille n° 1.

Pour bien tenir votre queue et pour apprendre à frapper avec précision la bille n° 1, je vous conseille l'exercice suivant : placez votre bille sur la mouche où se trouve la bille adverse, lors du départ d'une partie, puis visez le losange central de la petite bande opposée et tâchez que la bille revienne sur la même ligne et heurte le procédé de votre queue, que vous aurez laissée en position après un coup de queue allongé. Le retour précis de la bille n° 1 ne peut être obtenu que si vous frappez la bille exactement sur la ligne verticale, qui passe par son centre, et vous apprendrez vite alors que votre coup de queue doit être extrêmement précis.

Remarquez que la direction de la bille, quand elle rebondit, reste la même, que vous l'ayez frappée en plein centre, au-dessus ou au-dessous, pourvu que vous l'ayez touchée au milieu sur une ligne verticale. Mais le moindre écart de cette ligne centrale renverra la bille à droite ou à gauche de son parcours initial.

D'autre part, une bille frappée au-dessous du centre ralentit légèrement au fur et à mesure qu'elle roule. Une bille frappée en plein centre, ou un peu au-dessous, roule plus franchement que lorsqu'elle est frappée au-dessus du centre. En conséquence, utilisez le coup de queue au centre de la bille pour la plupart des coups.
Il faudra répéter ce coup de queue d'entraînement à différentes vitesses, jusqu'à ce que vous l'exécutiez parfaitement. La vitesse du coup de queue est expliquée dans le chapitre suivant.

N'oubliez jamais de tenir la queue le plus parallèlement possible à la table, dans tous les coups, sauf ceux qui sont expliqués dans le paragraphe suivant concernant l'inclinaison de la queue.

Revoyez les photographies n°s 1, 2, 3 et spécialement la 4 (vue de dos) qui illustrent un coup de queue parfait, lorsque vous êtes en posture devant le billard.

INCLINAISON DE LA QUEUE

Les seuls cas où il faille soulever le talon de la queue par rapport à son niveau habituel (voir photographie n° 29 pour bien comprendre ce que signifie l'inclinaison de la queue) sont cités ci-dessous :

1. Lorsqu'il faut faire faire à une bille le tour du billard, suivant la distance qu'elle doit parcourir ou la position qu'elle doit occuper ;
2. Pour un coulé ou un rétro attaqué plein, quand la bille n° 2 doit toucher une bande, et quand il faut laisser la bille n° 1 sur place et accélérer la bille n° 2 (ou 3) ;
3. Lorsqu'il faut faire le tour du billard sans mettre d'effet. L'inclinaison de la queue forme un angle plus grand à partir de la première bande, et l'angle plus droit permet d'éviter toute oscillation et de frapper la bille n° 1 avec précision ;
4. Lorsque la bille doit effectuer une trajectoire courbe autour du billard, toucher la bille n° 2 ou une bande ;
5. Lorsqu'une bille est à la bande. L'inclinaison de la queue permet à la bille n° 1 de passer (d'éviter le contre) et de faire décrire une courbe à celle-ci ;
6. Enfin, bien sûr, pour exécuter un massé ou un demi-massé. (Voir le chapitre consacré aux différents chevalets.)

Dans tous les cas, l'élévation du talon vous permet

de mieux frapper la bille n° 1, et ensuite d'être plus percutant sur la bille n° 2 (ou 3) ou sur la bande.

Mon dernier conseil sur le coup de queue est le suivant : étudiez le niveau d'inclinaison de ma queue sur la photographie n° 29 et comparez-le ensuite à ceux des photographies montrant le coup de queue que j'utilise d'habitude.

29

29. Position correcte d'inclinaison de la queue.

MATCH
1 heure 30

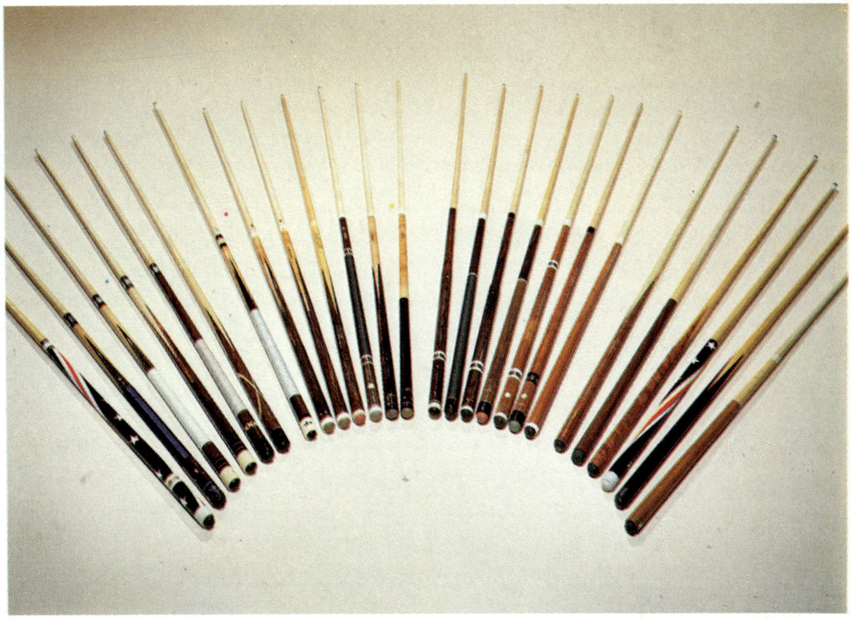

Page ci-contre : un coin du Paris Billard Club.

Ci-dessus : éventail de queues.

Ci-contre : coupe d'un billard actuel.

VITESSE ET PUISSANCE

La vitesse de votre coup de queue, et à son tour celle de la bille n° 1, sont d'une importance primordiale. Rappelez-vous que la vitesse à laquelle vous frappez est étroitement liée avec le mouvement de la bille n° 1, après qu'elle a touché la bille n° 2 (ou 3) ou la bande.

Par exemple, si vous jouez trop rapidement, la bille n° 1 s'écartera de la bille n° 2 en formant un angle plus petit que si vous donnez un coup de queue lent. De nombreux points sont manqués parce qu'ils sont joués trop vite ou trop lentement. Les trajectoires des billes, à des vitesses différentes, qu'elles entrent en contact ou non avec les bandes, constituent un savoir indispensable pour bien jouer au billard.

Je divise les vitesses en trois catégories : coup de queue doux, moyen et appuyé. Exercez-vous à frapper la bille n° 1, puis classez ces trois vitesses en fonction de votre jeu personnel.

L'effet, comme toutes les rotations — coulés et rétros —, est modifié par la vitesse de la bille, car le mouvement naturel et progressif de la bille est toujours une composante du résultat final : plus la vitesse est grande et moins la bille dévie.

La loi la plus importante dont il faut vous souvenir en ce qui concerne la vitesse est la suivante : une vitesse réduite agrandit l'angle ; une vitesse élevée le rétrécit. Par conséquent, dans la majorité des coups, donnez un coup de queue moyen ou appuyé pour obtenir un petit angle, et donnez un coup de queue lent ou très moyen pour en obtenir un grand.

Le meilleur moyen que j'aie trouvé pour déterminer la vitesse est l'allongement du coup de queue. C'est pourquoi je vous conseille de vous exercer à déterminer quels doivent être vos « allongements » pour obtenir des vitesses lentes, moyennes et élevées. La régularité de votre coup de queue est également importante. (Reportez-vous au graphique n° 5 : C décrit un coup de queue appuyé pour une vitesse élevée ; B indique un coup de queue moyen pour une vitesse moyenne ; A indique un coup de queue lent pour une vitesse réduite. Les coups de queue allongés, respectivement longs, moyens et courts sont représentés par les flèches situées à droite de la bille. Ces allongements mesurent respectivement 20, 13 et 8 cm.)

Lorsque l'on joue en prévoyant la position des billes, la force du coup de queue est importante puisqu'elle influe, dans une large mesure, sur les positions finales des trois billes. L'endroit où s'arrêtent les billes dépend presque autant de leur vitesse que de leur direction.

La force que reçoit la bille n° 2 (ou 3) résulte de deux facteurs : le premier, le point de choc sur la bille n° 1 ; le second, la vitesse.

La vitesse de la bille n° 1 est modifiée par la quantité (la prise) de la bille n° 2. Il est évident que l'on obtiendra un ralentissement plus important en frappant la bille n° 2 plein qu'en la touchant sur le bord. De même, l'effet affecte la vitesse de la bille n° 1 après qu'elle a heurté une bande.

Une bille que l'on a attaquée avec de l'effet latéral ou bille en tête roulera davantage, après avoir touché

GRAPHIQUE N° 5

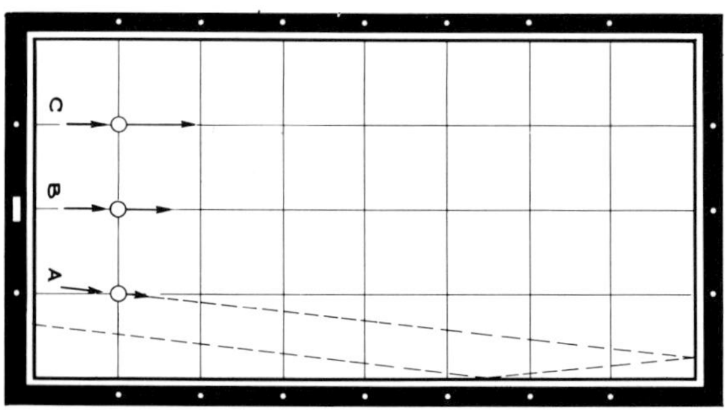

une bille ou une bande, qu'une bille sans effet, car la rotation en prolonge son parcours.
De même, une bille attaquée avec de l'effet contraire ou du bas, dans des conditions identiques, sera davantage freinée. Ces réactions sont faciles à comprendre en jouant avec un coup de queue moyen, presque plein sur la bille n° 2, en faisant un coulé avec un peu d'effet, puis en répétant le coup en reculant, avec effet contraire.
Lorsque l'on joue en prévoyant la position des billes, il faut absolument tenir compte des deux facteurs suivants : d'abord, quelle quantité et quelle force faut-il donner à la bille n° 2 pour qu'elle arrive à la place voulue ? Ensuite, quel effet et quelle vitesse faut-il donner à la bille n° 1 pour faire le point lorsque la bille n° 2 est frappée de cette façon ?
A l'occasion, il peut être intéressant de connaître les distances parcourues par des billes frappées selon différents allongements, comme mesure-étalon de la puissance à utiliser, dans des coups variés. La distance maximale varie, bien sûr, suivant les billards, mais même sur des billards au rendement ordinaire on peut, avec un coup de queue très appuyé, faire faire à la bille n° 1, quatre fois la longueur du billard.
Le tirage à la bande (servant à désigner le joueur qui commence) dépend évidemment d'un coup de queue allongé. Il n'y a pas de moment plus indiqué pour expliquer ce coup pénétrant et allongé.
Sur le graphique n° 5, A représente ce coup pénétrant pour séparer les billes. Je frappe la bille n° 1 à un demi-procédé au-dessus du centre et j'allonge, d'un coup de queue régulier, d'environ 13 cm (ce coup n'est pas dessiné à l'échelle sur le graphique, aussi vous ne devez pas tenir compte de l'allongement, qui n'est là que pour être comparé aux coups B et C. La longueur de la pénétration ressemblerait davantage au coup B). Je vise de façon à toucher la bande opposée, avec la bille n° 1, un quart entre le coin et le losange, ce qui la ramène en haut du billard, juste en dessous du deuxième losange sur la grande bande et — si ce coup est bien joué — renvoie la bille n° 1 contre la bande en bas du billard.
En jouant ainsi, le pis qui puisse vous arriver est de vous retrouver sur la même ligne que votre adversaire.
Cela me rappelle un incident remarquable dont nous avons souvent parlé : il s'agit du jour où fut réalisée, pour la première fois en championnat, la plus forte série au cadre 45/2 sur le plan mondial, et si j'en parle c'est que tout commença à cause de ce fameux coup de queue.
Revenons à Chicago en 1926. Jake Schaefer junior et Erich Hagenlacher disputaient ce championnat du monde. Ils étaient nerveux tous les deux, et chacun voulait que l'autre commence. Ils tirèrent ensemble, mais ce fut désastreux pour tous les deux, leur bille s'arrêtant au beau milieu du billard. Charlie Peterson, l'arbitre, repéra la position des billes, prit des mesures, et accorda finalement l'avantage à Schaefer. Jake, pensant qu'il n'avait pas de chance, joua et battit le record, bien connu, d'une série de 400 points, ce qui lui valut un nouveau record et le titre. Hagenlacher ne joua pas*.

* A cette époque-là, le joueur qui ne commençait pas perdait une reprise. Si donc le premier terminait en une reprise, ce qui fut le cas lors de ce championnat, le second ne jouait pas ! (N.D.T.)

Ci-dessus : marqueur de points.

Ci-contre : accessoire « rétro », maintenant accessoire de décoration.

Ci-dessus : boulier, marqueur de points d'autrefois.

Ci-contre : accessoire « rétro », maintenant accessoire de décoration.

LES CARAMBOLAGES

L'une des phases les plus importantes au billard consiste à apprendre à bien caramboler. C'est, en fait, le billard. Que ce soit à la partie libre, au cadre ou au trois-bandes, vous ne deviendrez jamais un bon joueur si vous ne carambolez pas parfaitement.
Au trois-bandes, il est important de bien placer la bille n° 2 pour se laisser une position favorable dans le coup suivant. La chose la plus importante, sans tenir compte de la position du carambolage, est de bien attaquer la bille n° 1 et de vous assurer qu'elle touche la bande ou la bille n° 2, comme vous l'avez prévu. Exercez-vous, en donnant des coups de queue lents, moyens et rapides, puisque la vitesse est fondamentale.
Par exemple, au trois-bandes, si la bille n° 1 est envoyée vers la bille n° 2, elle doit caramboler cette bille à l'endroit exact de la bande, qui la renverra contre la deuxième et la troisième bande pour que le point soit réussi.
Si vous ne savez pas faire un carambolage correct à partir de la bille n° 2 jusqu'à la première bande, vous n'avez aucune preuve tangible que la bille n° 1 touchera les deux autres bandes et la bille n° 3. Pour perfectionner cette technique, placez la bille n° 2 sur la table et essayez, à partir d'elle, de caramboler la bille n° 1 en différents points des bandes et selon des angles différents. Cet exercice vous permettra, en même temps, de maîtriser le demi-bille, le quart de bille ou le trois quarts de bille.
Entraînez-vous souvent, et aidez-vous des losanges placés sur les bandes (reportez-vous au graphique n° 6).
Un coup où il faut frapper la bande avant la bille n° 2 est plus facile à réaliser que l'inverse, encore faut-il savoir où frapper la bande.
Pour cela, reportez-vous également au chapitre qui traite du Diamond System.
Sachez pourquoi vous mettez de l'effet sur la bille n° 1 et surtout conduisez-la jusqu'à la bande avec un coup de queue allongé.
Ne sous-estimez pas la valeur des carambolages au trois-bandes et pour tous les autres modes de jeu. Si vous avez assimilé correctement les phases précédentes, attention ! les carambolages font les points réussis ou les points manqués, les victoires ou les défaites !

LES CARAMBOLAGES À LA PARTIE LIBRE

Pour caramboler directement, lorsque les billes forment un angle obtus, comme dans la position n° 1 du graphique n° 7, il faut frapper la bille n° 2 demi-plein. Pour déterminer le demi-bille, il faut viser au-delà de la bille n° 1 le bord de la bille n° 2, la moitié du procédé visant à l'extérieur du bord de la bille n° 2, et l'autre moitié à l'intérieur du bord de la bille n° 2.
Pour faire un carambolage, lorsque les billes forment un angle encore plus obtus, comme sur le coup n° 2 du même graphique, il faut évidemment frapper la bille n° 2 plus fin. Un moyen facile d'exécuter ce point consiste à viser demi-plein, puis de dévier la queue de façon qu'elle vise à peine à l'extérieur du bord de la bille n° 2.
Pour tous les carambolages longs, comme dans la position n° 1, il faut frapper la bille n° 1 au-dessus du centre pour éviter toute possibilité de rétro et garder la main droite le plus bas possible. Frappez la bille n° 1 avec un coup de queue moyen, car un coup de queue appuyé la dévierait de son parcours naturel.
Pour faire un carambolage comme dans la position n° 3, et pour rassembler ou conserver la bille, donnez

***Page ci-contre :* salon du Paris Billard Club.**

à la bille n° 1 un coup de queue très léger et très bas, puisque le fait de frapper bas annihile la vitesse. Pour garder les billes, comme dans ce coup, utilisez une flèche très courte (10 cm) et rapprochez votre main droite, pour ces coups particuliers, où il faut frapper bas avec une flèche courte. Ne frappez jamais une bille lentement dans ces cas, mais employez un coup de queue rapide, car, lorsqu'on joue près, les billes risquent de se coller ou de tomber avec une bille lente. Ne mettez pas d'effet, car celui-ci rend les billes plus mobiles et empêche de les garder ensemble.

Lorsque les billes n°s 2 et 3 forment un angle d'environ 45 degrés (position n° 1), frappez toujours la bille n° 2 demi-plein. Si l'angle est inférieur à 45 degrés, il faut attaquer plus bas (voir le chapitre consacré aux rétros).

Le coup n° 4, sur ce même graphique, doit être joué très fin. Vous le réussirez en frappant la bille n° 1 au-dessous du centre, sans effet, et en touchant le bord extrême de la bille n° 2. Le coup n'est pas appuyé mais rapide. Vous l'utiliserez de préférence au coulé (voir le chapitre sur le coulé), lorsque les billes n°s 2 et 3 ne sont pas à plus de 40 cm de la bille n° 1. Le coulé exigerait un long trajet de la bille, et on n'utilise ces distances qu'en dernier ressort.

Les coups n°s 1 et 2 doivent absolument être joués sans effet. L'effet est inutile pour les carambolages simples et rarement nécessaire pour les autres coups de bille à bille que sont les rétros et les coulés. On ne met de l'effet, pour faire les carambolages, que lorsqu'il faut dépasser la bille n° 3, comme indiqué par la ligne en pointillé sur le coup n° 5. Cependant, pour toucher une, deux ou trois bandes, il faut mettre de l'effet, comme je l'explique dans les chapitres suivants.

Le meilleur exemple de cas où l'on ne met pas d'effet,

GRAPHIQUE N° 6

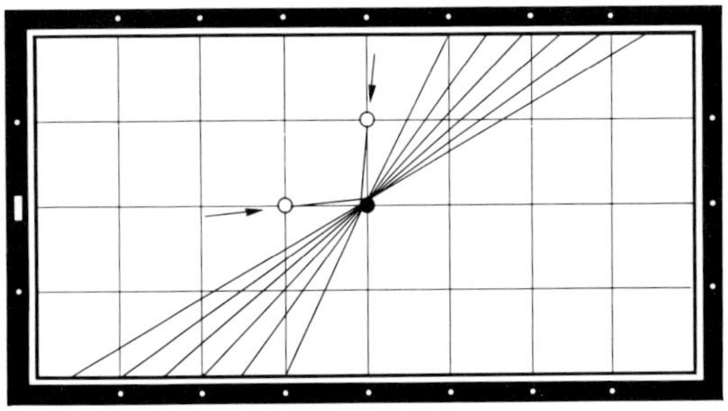

GRAPHIQUE N° 7

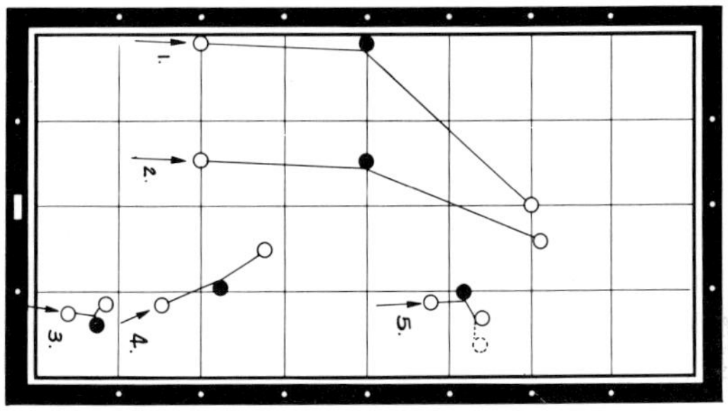

GRAPHIQUE N° 8

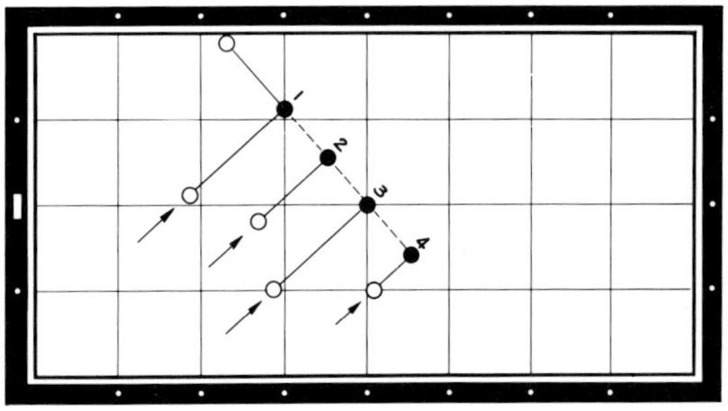

ou alors très très peu, est indiqué sur le graphique n° 8. Les quatre coups illustrés sont en principe identiques, la seule différence étant la distance qui sépare la bille n° 2 de la bille n° 1. On les appelle coups à « angle droit ».
Ces quatre coups sont des exemples parfaits de ces bille à bille rapprochés. On les fait en frappant la bille n° 2 aux trois quarts ou aux trois cinquièmes plein, vers la gauche, bien entendu. Frappez la bille n° 1 en plein centre, et elle carambolera uniquement et facilement la bille n° 2.
Je vous conseille de mettre de préférence un léger effet à gauche sur ce coup si vous ne réussissez pas régulièrement à frapper la bille n° 1 en plein centre. Lorsque vous manquez votre coup en frappant la bille n° 1 en plein centre, c'est parce que vous n'avez pas frappé là où vous avez visé. C'est pourquoi je vous conseille de préférer l'effet à gauche.

Ce coup peut être joué de deux façons et je vous invite à les apprendre toutes les deux. Cependant, lorsque vous jouez, utilisez celui que vous réussissez le plus souvent. Employez un coup de queue moyen allongé, en maintenant la queue parallèle au tapis.
Entraînez-vous à faire ce genre de point, c'est la méthode idéale pour apprendre les carambolages rapprochés, qui sont courants au billard. Lorsque vous les maîtriserez, vous serez fin prêts pour les conseils plus difficiles que nous ne manquerons pas de vous donner dans les chapitres qui vont suivre.

Les champions actuels sont en France :
Francis Connesson, Georges Bourezg, Jean Marty, Roland Dufètelle, Egidio Viérat, Jean Lafaille, Jean-Pierre Labeye, Paul Couespel, Maurice Coyret, Jean-Luc Chiche, Jean Reverchon, Jean Arnaud.

Aujourd'hui, les femmes jouent au billard en compétition. Des championnats se déroulent dans toute la France.
Voici quelques vedettes : Huguette Suter, Jeanne Thomas, Magali Declunder, Jacqueline Cygan, Sylvie Denis, Pascale Colinet.

LES COULÉS

Le coulé est l'un des points fondamentaux du billard qui intervient dans tous les modes de jeu : bande, trois-bandes, etc.
La plupart des coups exigent des coulés (sous des formes différentes), c'est pourquoi vous devez prendre conscience de l'importance de ce genre de coup et le connaître parfaitement. Un coulé, comme je l'ai déjà expliqué, s'exécute en frappant la bille n° 1 au-dessus du centre avec un coup de queue allongé en tenant la queue parallèle au tapis. Le fait de frapper la bille n° 1 à l'endroit qu'il faut et de façon correcte assure un contact solide et efficace. Si vous attaquez trop haut, vous n'avez ni la précision nécessaire ni le mouvement que vous devriez assurer, même si, au départ, vous êtes assez chanceux pour éviter une fausse queue.
Gardez présent à l'esprit qu'il n'est pas besoin de frapper une bille aussi près de son sommet que possible pour faire un coulé. Regardez de nouveau la photographie n° 22. Vous y voyez l'endroit où il faut frapper la bille n° 1 pour exécuter un coulé. Je le répète, ne frappez jamais plus haut qu'un diamètre de procédé au-dessus du centre, et faites un chevalet dont la hauteur vous permettra de tenir la queue aussi parallèlement que possible au tapis. Utilisez toujours les chevalets pour coulés illustrés par les photographies nos 11 et 12.
Il ne devrait jamais y avoir de doute dans votre esprit quant à l'endroit précis où vous devez frapper la bille n° 1 pour réussir le point.
Voici quel est mon système pour déterminer cet endroit :
Comme vous pouvez le voir sur le graphique n° 9, je trace une ligne qui passe par le centre des billes nos 2 et 3. Mon point de visée est toujours l'endroit placé sur le côté de la bille n° 2, où cette ligne imaginaire A-B coupe la surface.
Sur ce graphique, le point de visée est A pour les trois variantes du coulé représentées par les billes n° 1, appelées 1, 2 et 3.
Vous pourrez appliquer cette méthode chaque fois que vous aurez à exécuter un coulé. Que l'angle soit aigu ou obtus, le résultat sera le même.
Comme pour les rétros, je voudrais que vous compreniez bien que je détermine le point de visée et non pas le point de contact. Je l'explique d'ailleurs entièrement dans le chapitre suivant sur les « Rétros », à l'aide des graphiques nos 12, 13 et 14. Étudiez très soigneusement ce détail important, qui vous aidera beaucoup par la suite.
Tenez toujours la queue parallèle au tapis, et en son point d'équilibre, pour donner le coup de queue, sans oublier de faire un chevalet solide. Il faut toujours frapper la bille n° 1 à mi-chemin entre son centre et son bord supérieur, sans mettre d'effet, avec un coup de queue moyen, bien allongé.

VITESSE

Dans les coulés, le parcours de la bille n° 1, après qu'elle a touché la bille n° 2, dépend, en grande partie, de la vitesse de votre coup de queue.
Jouez les coulés ordinaires avec un coup de queue moyennement allongé pour une vitesse moyenne. Vous aurez ainsi un coulé précis. Il n'est pas nécessaire de frapper fort pour obtenir un mouvement en avant dans les coulés ordinaires.
Si vous donnez un coup de queue trop rapide, l'angle que formera la bille n° 1, à partir de la bille n° 2, s'écartera de la bille n° 3, et, bien sûr, vous manquerez le point.
Autant que possible, évitez de mettre de l'effet.
Entraînez-vous à faire un même coulé à des vitesses

différentes et comparez les différentes directions que prend la bille n° 1 après avoir touché la bille n° 2. Les autres méthodes de coulés sont illustrées par le graphique n° 10.

Pour faire le coulé du coup n° 1, il faut frapper la bille en son centre, sans effet, et envoyer la bille n° 1 toucher le centre de la bille n° 2, puis s'écarter aussi peu que possible vers la bille n° 3. Assurez-vous que le changement de direction est opéré sur la bille n° 2 et non pas sur la bille n° 1, ce qui vous évite de mettre de l'effet. On ne dira jamais assez qu'il ne faut pas mettre d'effet pour jouer les coups de bille à bille (où l'on ne se sert pas des bandes). La main droite, qui tient le talon, doit être tenue aussi bas que possible. Tous les coulés doivent être joués avec un coup de queue lent, de façon que les billes n°s 2 et 3 restent en face de la bille n° 1. Si vous frappez fort, le résultat est généralement insatisfaisant, car la bille n° 1 se retrouve entre la bille n° 2 et la bille n° 3, position qui n'est pas souhaitable. Les coulés de distance, lorsque la bille n° 1 est loin de la bille n° 2, de même que les longs reculs, ne sont pas considérés comme du bon billard. Il vaut mieux une ou plusieurs bandes, lorsque l'occasion se présente. J'expliquerai cela en détail dans les chapitres intitulés : « Partie à la bande, deux bandes, trois-bandes ».

Pour faire un coulé sur la bande, comme dans le coup n° 2, dirigez la bille n° 2 entre la bande et la bille n° 3, selon le pointillé, et placez la bille n° 1 contre la bande, puis sur la bille n° 3. Attaquez la bille au centre avec beaucoup d'effet à droite. Toutes les variantes de ce coup doivent être jouées à une vitesse moyenne pour que l'effet donné à la bille n° 1 puisse rendre. Essayez de laisser la bille n° 2 près de la bande latérale pour conserver les billes n°s 2 et 3 en face de la bille n° 1. Il faut aussi jouer ces coups à l'extrémité opposée du billard.

GRAPHIQUE N° 9

Comment faire un coulé.

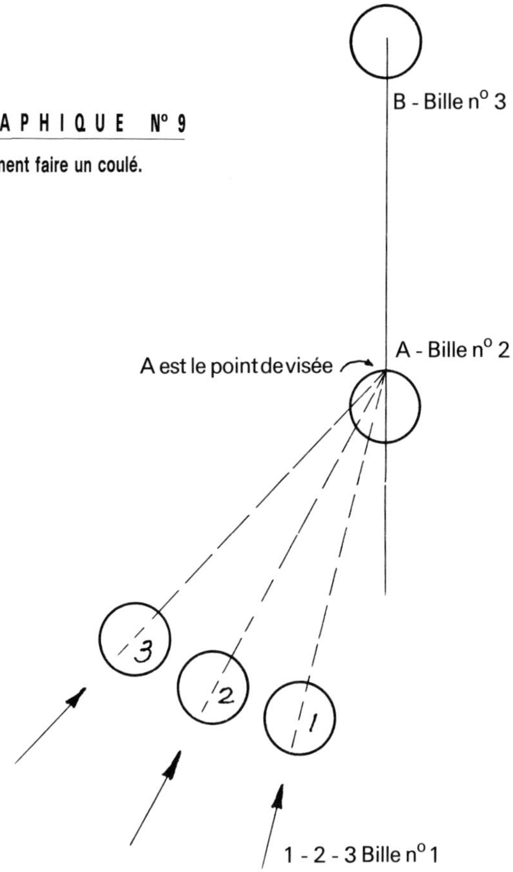

Tracez une ligne allant du centre de la bille n° 2 au centre de la bille n° 3 - AB.

Le point de visée est un point sur le côté extérieur de la bille n° 2, où la ligne imaginaire coupe la surface, représentée par A. Chaque fois qu'il faut jouer un coulé, vous pouvez utiliser ce système en tenant compte qu'il faut aussi tenir la queue à son point d'équilibre, faire un chevalet solide, ne pas mettre d'effet, frapper la bille n° 1 à mi-chemin entre son centre et son bord supérieur, et donner un coup de queue moyennement allongé.

GRAPHIQUE N° 10

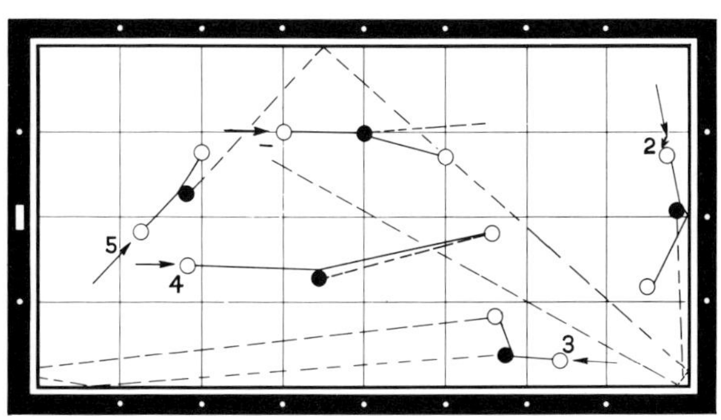

Ci-contre : le compteur (temps) et le marqueur (points).

Ci-dessus : billard américain.

Ci-dessous : billard français.

Page ci-contre : départ d'une partie.

Le coup n° 3 est appelé amorti intégral, parce que toute la vitesse est donnée à la bille n° 2, la bille n° 1 influant seulement sur la bille n° 3. Si ce coup est bien joué, les billes doivent se regrouper. La bille n° 2 suit le parcours indiqué par la ligne pointillée, ce qui la ramène à la bille n° 3. La bille n° 1 frappe la bille n° 2 plein, puis dévie légèrement vers la droite. Frappez la bille n° 1 bien au centre pour éviter qu'elle n'avance ou ne recule. C'est un coup excellent pour exercer votre coup de queue et votre position devant le billard, car il est facile à apprendre et laisse votre esprit se concentrer sur les deux conditions nécessaires à un bon jeu.
Pour faire le coulé du coup n° 4, visez le point de la bille n° 2 qui est le plus près de la bille n° 3, comme indiqué par la ligne pointillée ; ne mettez pas d'effet et frappez la bille n° 1 un demi-procédé au-dessus du centre.
Ne tenez pas compte du point de contact sur le graphique, car il n'est là que pour la clarté du dessin. La meilleure façon de jouer ce point, en gardant les billes dans cette même position, serait un carambolage simple, bien que la position des billes en serait sacrifiée. Le coulé, dans ce cas, n'est pas pratique, pas plus que le rétro, parce que la bille n° 1 est trop éloignée de la bille n° 2.
Le coulé amorti, indiqué sur le coup n° 5, toujours sur le graphique n° 10, se joue en frappant la bille n° 1 aussi près que possible du centre et en laissant rouler en avant, comme sur le graphique n° 9. Ce coup est utilisé pour des coups directs, lorsqu'on ne peut masser ou jouer par la bande.

C'est l'une des rares fois où il ne faut pas allonger votre coup de queue. Votre coup de queue doit être court, vif et net, et ne pas avancer vers la bille n° 2, pour ne pas faire un pousse-tout.

Il est facile de faire la différence entre un pousse-tout et un coulé correct : si le coup est exécuté convenablement, la bille n° 1 s'arrêtera momentanément, après avoir choqué la bille n° 2, avant de reprendre sa course en avant et de gagner rapidement de la vitesse, après cette légère halte.
Assurez-vous que votre queue est aussi parallèle que possible au tapis, et frappez la bille n° 1 un demi-procédé au-dessus du centre avec un coup de queue vif et sec. En donnant votre coup de queue, le procédé ne doit dépasser que légèrement l'endroit où se trouvait la bille n° 1.
Limez quelques coups, puis attaquez la bille n° 1 en suivant les conseils que je viens de vous donner. Vous apprendrez vite à donner ce genre de coup de queue puissant lorsque vous disposerez d'une distance réduite.
Le secret de ces coulés de billes de près est d'apprendre où et quand stopper rapidement la queue, après qu'elle a frappé la bille n° 1. La meilleure façon d'y arriver est de resserrer votre prise sur le talon de la queue, juste au moment où elle frappe la bille n° 1, au lieu d'allonger.

Apprenez à jouer ce coulé comme un autre. Ne surveillez pas trop tôt votre coup de queue et ne craignez pas de faire des pousse-tout. Ce n'est pas possible si vous suivez ces conseils. Ne vous attendez pas à savoir faire ces coulés après deux ou trois essais. Exercez-vous à les faire en plaçant les billes des distances différentes. Vous aurez vite de bons résultats.
Si vous apprenez les règles fondamentales au fur et à mesure, si vous vous entraînez à les appliquer, vos progrès seront beaucoup plus rapides. Savoir faire un coulé de billes de près est un pas dans la bonne direction.

Page ci-contre : **exécution d'un piqué.**

8

LES RÉTROS

Vous ne deviendrez jamais un bon joueur si vous ne savez pas faire les rétros, qui constituent la base même du jeu. Bien que vous soyez amené à faire davantage de rétros à la bande et au cadre, ne sous-estimez pas leur valeur au trois-bandes. Vous vous en rendrez mieux compte au fur et à mesure que vous vous entraînerez beaucoup et progresserez.

Comme je l'ai déjà dit, on fait reculer la bille n° 1 en l'attaquant au-dessous de son centre. Le coup de queue doit être parallèle au tapis et allongé au moins de 5 à 8 cm à partir de l'endroit où se trouvait la bille n° 1 avant que vous jouiez.

La détermination de l'endroit où doit être carambolée la bille n° 2 demeure très souvent un problème si cela n'est pas expliqué.

Le système le plus facile, et que je recommande vivement, est de couper en deux les angles formés par les trois billes. Je l'explique d'une façon complète dans les deux positions de rétros représentées dans le graphique n° 11.

Représentez-vous, à chaque coup, un angle formé à partir du centre des trois billes, la bille n° 1 en B, la bille n° 2 en C et la bille n° 3 en E. En d'autres termes, tracez un triangle imaginaire à partir du centre de la bille n° 1, allant au centre de la bille n° 2 et, de là, au centre de la bille n° 3.

Divisez l'angle BCE par sa bissectrice C-D, puis visez, à travers le centre de la bille n° 1, le point A sur la bille n° 2. Le point A est, évidemment, équidistant des deux côtés du triangle, le point exact où la ligne divise l'angle et rencontre la surface de la bille n° 2.

Une étude approfondie de ces deux coups (qui sont en principe les mêmes) sur le graphique n° 7 rend tout cela très clair. Revenons-y, parce que vous devez apprendre à faire des rétros et, en vous entraînant à jouer ces deux coups, vous apprendrez facilement et rapidement.

Les lignes E-C et B-C relient le centre des billes. La ligne C-D divise l'angle entre les billes. Cette ligne rencontre la bille n° 2 au point A, qui est le point bissecteur entre la bille n° 1 et la bille n° 3. Aussi A est-il le point de visée. La ligne de visée (d'attaque) est représentée par la ligne B-A. Tenez la queue à son point d'équilibre. Faites un chevalet solide. Attaquez la bille n° 1 à mi-chemin entre le centre et le bord inférieur (le demi-bas). Ne mettez pas d'effet. Donnez un coup de queue moyennement appuyé. Par point de visée, je ne veux pas dire point de contact. En effet, le point de contact n'est pas le même, mais le point de visée que je viens de décrire permettra de réussir un point s'il est utilisé d'une manière correcte.

POINT DE VISÉE ET POINT DE CHOC

Étudiez les graphiques n°s 12, 13 et 14 et les explications qui s'y rattachent pour bien comprendre la différence entre le point de visée et le point de choc (de contact). C'est une indication d'une extrême importance. L'endroit du billard d'où vient la bille n° 1 n'est pas important, et le centre de cette bille doit toujours dépasser le point A sur le graphique n° 12. Savoir que le centre de la bille n° 1 dépasse le point A sur le graphique n° 14 constitue le secret du point de visée. Vous pouvez facilement voir que ce point de visée — qui est dans l'alignement rectiligne de la queue — diffère du point de contact, clairement illustré par le point A sur le graphique n° 13.

Le point A sur le graphique n° 14 est évidemment à un rayon de bille de la bille n° 2.

Étant donné que le point A est toujours imaginaire,

seuls l'expérience et un œil averti vous permettront de le situer exactement au bon endroit.

Il faut à tout prix comprendre et utiliser ces points de visée et ces points de contact. Très peu de joueurs s'en servent, et leur ignorance est la raison essentielle pour laquelle ils carambolent toujours les billes n°s 2 et 3 au mauvais endroit en faisant des carambolages de toutes sortes.

Il peut sembler difficile, au début, de diviser un angle en deux d'un seul coup d'œil, mais, en vous concentrant bien, vous le réaliserez très vite. Après un peu d'entraînement, vous verrez le point de visée et imaginerez d'instinct le point de contact.

GARDEZ VOTRE ŒIL AU NIVEAU DU JEU

En essayant de faire des rétros, n'ayez pas peur de faire des fausses queues. Abaissez la main qui forme le chevalet de façon que la queue soit parallèle au tapis, lorsque vous frappez la bille n° 1. Reportez-vous à la photographie n° 23, qui montre l'endroit où vous devez attaquer la bille n° 1 pour rétrograder.

Ne soulevez pas votre chevalet lorsque vous rétrogradez, car cela entraîne un mouvement en arrière incorrect qui pousse au lieu de reculer, parce que la queue plonge vers la bille n° 1. Si vous utilisez un chevalet haut et un coup de queue plongeant pour essayer de faire reculer votre bille, elle sautera ou rebondira sur le tapis. Résultat : perte de précision, mauvaise attaque, et peut-être même fausse queue. De plus, cette façon de jouer empêche d'allonger le coup de queue, étant donné que le procédé touche le tapis. On obtient l'effet en arrière (rétro) voulu en faisant un chevalet bas et en tenant la queue parallèle

GRAPHIQUE N° 11

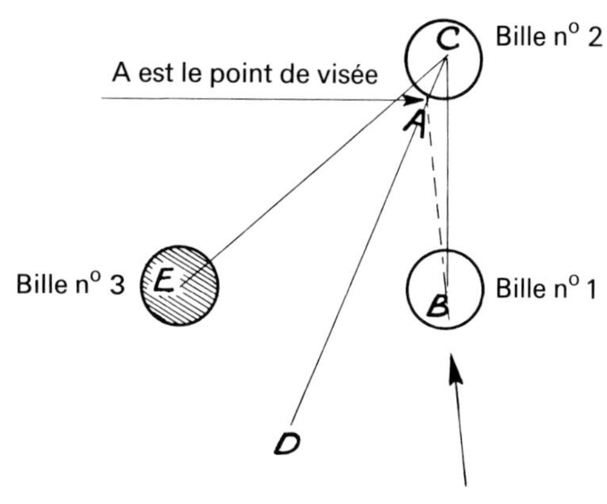

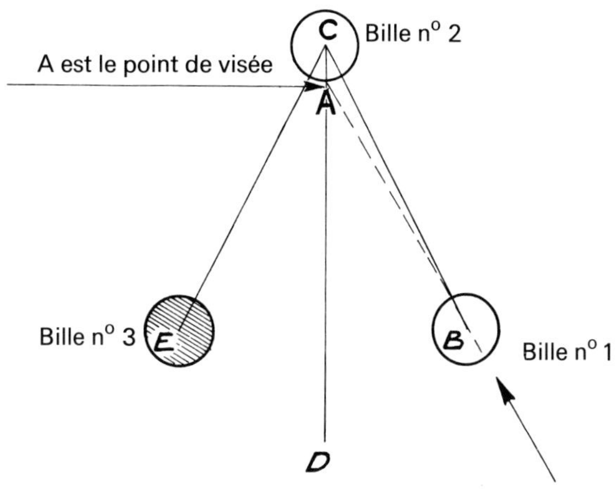

Comment exécuter un rétro.
Les deux variations ne diffèrent qu'en ce qui concerne la position des billes. Les lignes EC et BC relient le centre des billes. La ligne CD divise l'angle entre les billes. Cette ligne rencontre la bille n° 2 au point A, point bissecteur entre la bille n° 1 et la bille n° 3. C'est le point de visée. La ligne de visée est représentée par la ligne BA. Tenez la queue à son point d'équilibre. Faites un chevalet solide. Attaquez la bille n° 1 à mi-chemin entre son centre et son bord inférieur (demi-bas). Ne mettez pas d'effet. Donnez un coup de queue moyennement appuyé.

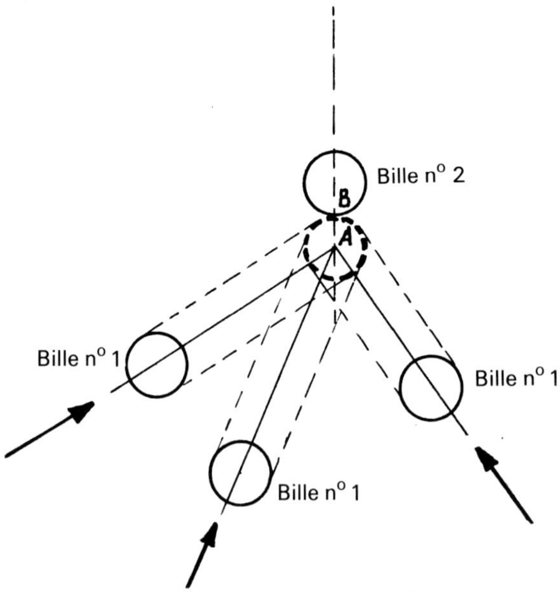

GRAPHIQUE N° 12

Comment frapper la bille n° 2 en attaquant sous des angles différents. Dans chaque coup, la bille n° 1 doit dépasser le point A, pousser la bille n° 2 sur le tracé rectiligne ascendant, représenté par la ligne verticale pointillée.

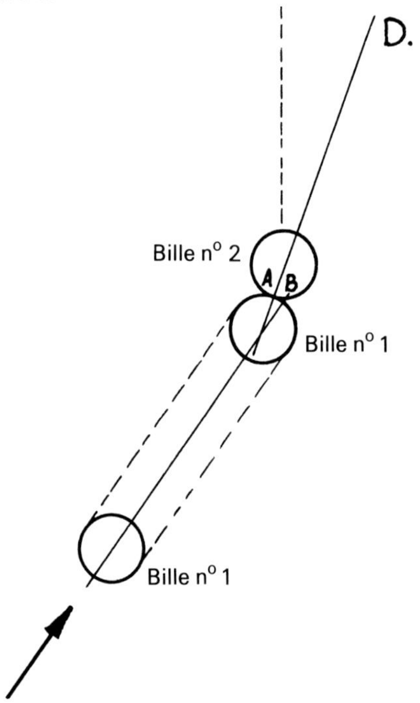

GRAPHIQUE N° 13

La bille n° 2 ne peut se mouvoir que selon la ligne ascendante pointillée, si vous la frappez en B. Si vous visez en B, le contact se produira en A, et la bille n° 2 ira vers le point D. Les lignes parallèles intersectées décrivent le parcours de la bille n° 1 lorsqu'on vise en B, et l'on voit également la bille n° 1 en contact avec la bille n° 2.

au tapis. La queue a une tendance naturelle à d'abord plonger vers la bille n° 1 (voir les photographies n°s 24, 25, 26, 27 et 28).

Ne frappez pas plus bas que le diamètre d'un procédé au-dessous du centre. Utilisez les chevalets de rétros illustrés sur les photographies n°s 10, 11 et 13, à tous les coups.

Par conséquent : 1. Avec un chevalet plus bas vous pouvez attaquer la bille n° 1 plus bas sans craindre de faire une fausse queue. 2. En donnant un coup de queue parallèle au tapis, le poids de la bille (résistance) est davantage en contact avec le procédé. 3. Vous créez un effet en arrière plus important en donnant à la bille n° 1 un coup de queue parallèle au tapis plutôt qu'en plongeant vers la bille n° 1 avec une queue formant un angle beaucoup trop important à cause d'un chevalet haut.

La longueur de la flèche est également d'une importance primordiale. Utilisez une flèche le plus court possible — qu'un entraînement assidu vous fera découvrir — pour jouer tous les rétros. Vous comprendrez facilement qu'une flèche courte vous permettra d'obtenir un coup de queue allongé correct. Si la main formant chevalet est trop éloignée de la bille n° 1, le procédé touchera le tapis beaucoup trop tôt pour que vous puissiez donner un coup de queue allongé et net.

Aussi n'oubliez pas ce conseil important : *rapprochez votre main de la bille n° 1 lorsque vous prenez bas pour donner un coup de queue efficace.*

VITESSE

Il faut que vous sachiez la valeur des différentes vitesses qu'il faut donner à la bille n° 1 dans les

rétros. C'est aussi important pour la précision que dans les coulés.
Souvenez-vous du conseil que je vous ai donné dans le chapitre précédent sur les « Coulés » concernant la vitesse. Il garde toute sa valeur pour les rétros. Alors donnez des vitesses différentes à un même schéma de rétros. Il n'est pas nécessaire de forcer le coup.
Le graphique n° 15 montre deux autres variations de rétros. Sur ce croquis, le coup n° 1 est connu sous le nom de rétro à angle droit ou à bille morte (amorti, voir le glossaire des termes techniques à la fin du livre). Pour réussir ce point, il faut toucher la bille n° 2 aux trois quarts ou aux quatre cinquièmes plein vers la gauche, et attaquer la bille n° 1 un procédé au-dessous du centre, sans effet.
Le coup n° 2 est un rétro à angle droit. Divisez l'angle comme pour les deux points du graphique n° 11.

Attaquez la bille n° 1 à mi-chemin entre le centre et le bord inférieur. La bille n° 1 suivra la ligne pointillée. Dans les deux cas cités, tenez votre queue parallèle au tapis et donnez un coup de queue moyennement allongé. Utilisez un chevalet bas de façon à pouvoir frapper la bille n° 1 exactement là où vous devez le faire, à mi-chemin entre son centre et son bord inférieur (demi-bas).

Pour exécuter le coup n° 1 du graphique n° 16, il faut attaquer la bille n° 1 très bas, sans effet. La bille n° 1 touche la bille n° 2, un rien, insensiblement à droite du centre. Une autre façon d'arriver à toucher ce point bissecteur consiste à viser d'abord plein la bille n° 1 sur la bille n° 2 puis de dévier, très légèrement, la ligne de visée vers la bille n° 3.
En étudiant et en vous entraînant un peu, vous maîtriserez très facilement le rétro ordinaire. Lorsque

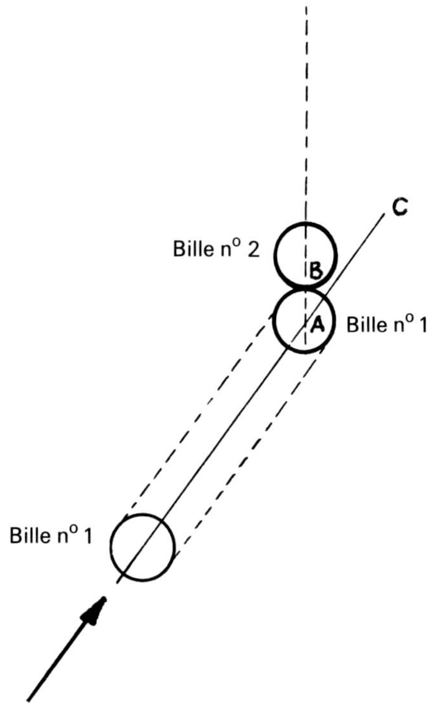

GRAPHIQUE N° 14

La bille n° 2 ne peut aller que dans la direction rectiligne ascendante lorsqu'on la frappe en B (choc). Pour que le choc se produise en B, l'alignement de la queue doit être fait dans la direction du point A, qui se trouve à un rayon de bille du point B. Viser la direction C.

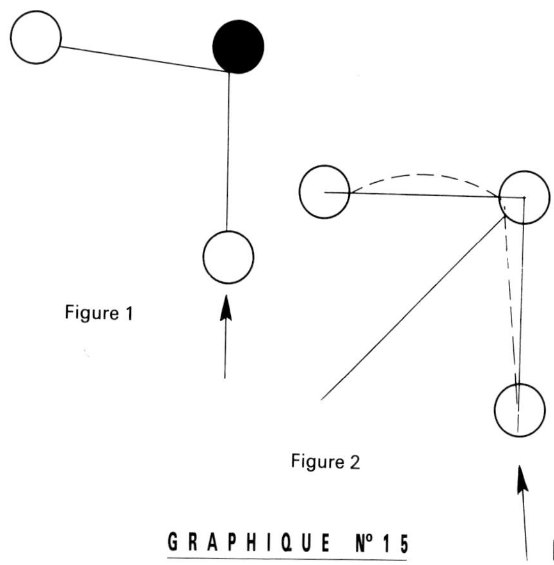

GRAPHIQUE N° 15

la bille n° 2 est très éloignée de la bille n° 1, les longs rétros sont déconseillés. Il est préférable — et plus sûr — d'utiliser une, deux ou trois bandes pour faire un carambolage.
Sur le graphique n° 16, les coups n°s 2, 3 et 4 sont des rétros à angle ouvert. Pour reculer, comme dans le coup n° 2, lorsque les billes sont exactement placées à angle droit, on attaque la bille n° 1 légèrement au-dessous du centre, sans effet, et le bord inférieur (ici gauche) de la queue est en alignement avec le bord de la bille n° 2, comme sur le graphique, si bien que la bille n° 2 est touchée un quart plein.

Pour réussir le rétro à angle ouvert du coup n° 3, il faut frapper la bille n° 1 au-dessous du centre ; le milieu du procédé doit viser le bord de la bille n° 2, montrant ainsi la moitié du procédé à l'extérieur du bord de la bille, frappant de la sorte la bille n° 2 par le demi-plein.

Pour exécuter le rétro n° 4, où les billes n°s 2 et 3 forment un angle de 45 degrés, il faut attaquer la bille n° 1 demi-bas, sans effet, et viser avec le bord extérieur (droit) du procédé dans l'alignement du bord de la bille n° 2.

Pour tous ces points, il faut attaquer la bille n° 2 plus plein (plus près du centre) lorsque celle-ci est à plus de 30 cm de la bille n° 1, car la force de recul se perd au fur et à mesure que la distance grandit entre ces deux billes.

Une autre théorie concernant le rétro ordinaire (voir le coup n° 5) consiste à frapper la bille n° 2 au point opposé au centre de l'espace existant entre la bille n° 1 et la bille n° 2, comme je l'ai déjà expliqué sur le graphique n° 14.

GRAPHIQUE N° 16

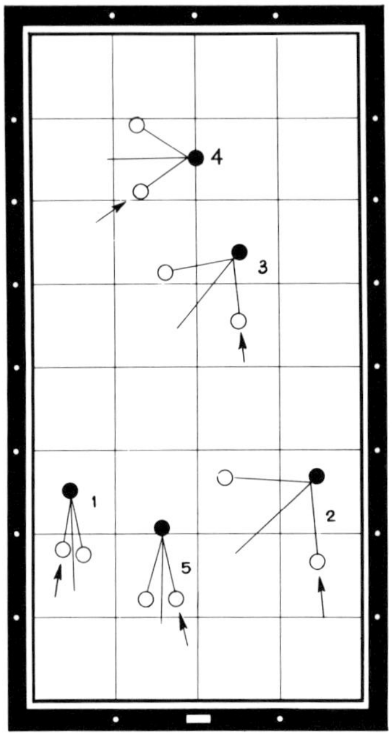

Pour tous les rétros qui exigent une certaine vitesse, si vous voulez donner un coup de queue correct, votre flèche doit mesurer environ 15 cm au début du limage et 30 cm ou plus après avoir touché la bille n° 1, et la queue doit accompagner la bille n° 1 après l'avoir touchée, ce qui permet de donner un coup de queue naturel et d'acquérir ainsi de la vitesse.
On ne met de l'effet dans un rétro que lorsqu'il est nécessaire de pousser la bille n° 2 pour la placer (position pour le coup suivant). Pour faire aller la bille n° 2 à droite ou à gauche, on met de l'effet du côté opposé où l'on veut que cette bille se dirige.

N'OUBLIEZ PAS D'ALLONGER VOTRE COUP DE QUEUE

Les joueurs expérimentés se concentrent perpétuellement sur le coup de queue, dont nous vous avons déjà parlé, lequel est d'une importance extrême pour réaliser un rétro. Il y a plusieurs années, le regretté George Sutton voyageait en train de New York à Chicago avec un groupe de joueurs et moi-même.

Sutton était seul près d'une fenêtre, son bras droit en position de balancier et son poignet se balançant doucement. Il resta assis, balançant son poignet pendant presque tout le trajet. Juste avant d'arriver à Chicago, il bondit de son siège et m'appela :

« Ça y est, je l'ai ! Bill, ça y est, je l'ai !
— Tu as quoi ? demandai-je, un peu alarmé.
— Mon coup de queue ! » répondit joyeusement George.

DERNIER CONSEIL POUR UN RÉTRO

Ne craignez pas les rétros. Utilisez-les chaque fois qu'ils sont nécessaires, sans hésiter. Une application stricte des conseils que je vous ai donnés, joints à la pratique, éliminera tout danger de fausse queue et de faire sauter la bille n° 1.

Essayez de faire sauter la bille n° 1 un jour, vous verrez que ce n'est pas commode !

PARTIE À LA BANDE

La bande fait intervenir toutes les qualités nécessaires pour jouer à la partie libre, au cadre et au trois-bandes. C'est le jeu qui exige la pleine mesure des moyens d'un joueur ; l'adresse et la finesse des billes de près, une attaque longue pour prévoir le coup suivant au cadre, et le problème des angles au trois-bandes. En fait, cette forme de jeu propose tous les coups possibles qui existent au billard.
Le secret, ou plutôt le premier principe, et le plus important, à la bande, consiste à diviser l'angle en deux et à faire un carambolage correct. Quand vous saurez diviser correctement un angle, puis exécuter avec adresse un carambolage depuis la bille n° 2 (ou 3) jusqu'à la bande, ou depuis la bande jusqu'à la bille n° 2 (ou 3), vous serez en possession du principe de base de la bande.

Le graphique n° 17 montre clairement comment diviser un angle en deux parties égales. Dans le coup situé à gauche les billes n°s 2 et 3 sont au centre de la table, séparées par deux losanges et directement opposées à ceux-ci. Le point de contact sur la bande correspond donc au losange qui les sépare. Si vous attaquez la bille n° 1 au centre, avec un très léger effet, pour allonger le coup de queue, étant donné que la bille n° 1 roule naturellement en avant, vous devez réussir le point en touchant le losange qui se trouve entre les billes n°s 2 et 3.
Il faut frapper la bille n° 2, un quart à gauche pour faire ce point : c'est là qu'intervient votre capacité de caramboler. Il faut frapper la bande légèrement plus près de la bille n° 2, et non pas exactement contre le losange, pour permettre à la très légère rotation en avant de votre bille de contrebalancer cette différence. La raison pour laquelle il faut frapper à l'endroit du losange est expliquée plus longuement dans le paragraphe intitulé « Quand faut-il viser le losange lui-même ou dans sa direction sur la bande ? » du chapitre traitant du Diamond System.
Le coup situé à droite sur le graphique n° 17 est le même que le premier, sauf que c'est un bande-avant. Vous toucherez d'abord la bande, au point bissecteur entre les billes n°s 2 et 3, et la bille n° 1, en attaquant celle-ci très légèrement au-dessus du centre, pour jouer parfaitement ce point de bande, appelé bande-avant ou bricole.
Évidemment, vous comprendrez facilement que la méthode du point bissecteur entre les billes n°s 2 et 3 ou le point sur la bande équidistant entre la bille n° 1 et les billes n°s 2 et 3 n'est valable que lorsque ces dernières se trouvent sur une ligne imaginaire parallèle à la bande, voir graphique n° 17 et la figure 1 du graphique n° 18.
Lorsque les billes ne sont pas à la même distance de la bande, le point de contact sur la bande varie d'un côté ou de l'autre, en fonction de la différence de distance qui les sépare de la bande.
Référez-vous attentivement au graphique en lisant les explications suivantes et apprenez la seule règle à appliquer lorsque les billes n°s 2 et 3 sont à des hauteurs (distances) différentes de la bande : lorsqu'une bille est plus près de la bande que l'autre, touchez légèrement avant le point bissecteur entre les billes n°s 2 et 3.
Le graphique n° 18 illustre les points de contact sur la bande dans le cas où les billes sont à la même distance de la bande et dans celui où elles ne le sont pas.
Sur ce graphique, la figure 1 représente les billes n°s 2 et 3 à la même distance de la bande. Il faut donc toucher la bande en leur point bissecteur.
La figure 2 représente les billes n°s 2 et 3, placées à des distances différentes de la bande ; la bille n° 2 étant plus proche, il faut donc toucher la bande en

un point plus rapproché de la bille n° 2 que du point bissecteur entre les billes nos 2 et 3.

La règle est la suivante (regardez attentivement le graphique) : tracez deux lignes imaginaires (en pointillé sur le dessin) partant respectivement des billes nos 2 et 3 et coupant la bande en un point correspondant à la projection verticale de l'autre bille sur la bande. Ensuite, la projection du point sur la bande directement opposée au point d'intersection entre les deux lignes imaginaires (pointillées), figurée par une ligne verticale pointillée sur la figure n° 2, correspond toujours au point que la bille n° 1 doit toucher sur la bande, après avoir frappé la bille n° 2, ou avant de toucher la bille n° 2, dans un bande-avant.

Pour faire un carambolage par la bande correspondant au coup n° 1 représenté sur le graphique n° 19, placez les billes nos 2 et 3 sur les mouches de la bille n° 1 entre la mouche et le losange opposé. Puis carambolez la bille n° 2 par le demi-plein en attaquant légèrement au-dessus du centre. Ce coup de queue devrait placer la bille n° 1 sur la bande en un point aligné sur le losange central.

Pour réaliser le carambolage par la bande illustré par le coup n° 2, frappez la bille n° 2 par le demi-plein, sans effet, ou juste au-dessus du centre.

Si les billes forment un angle dont le point central semble faire un angle dépassant 45 degrés, comme dans le coup n° 3, frappez la bille n° 2 par le demi-plein et attaquez la bille n° 1 en tête, et mettez assez d'effet à droite pour diriger la bille n° 1 contre le troisième losange de la grande bande. Il serait impossible de faire un carambolage contre le losange central ou le quatrième, mais en touchant le troisième losange avec de l'effet, comme sur le graphique, vous obtiendrez le même résultat qu'en frappant le point central sans effet. Attention ! n'essayez pas de

GRAPHIQUE N° 17

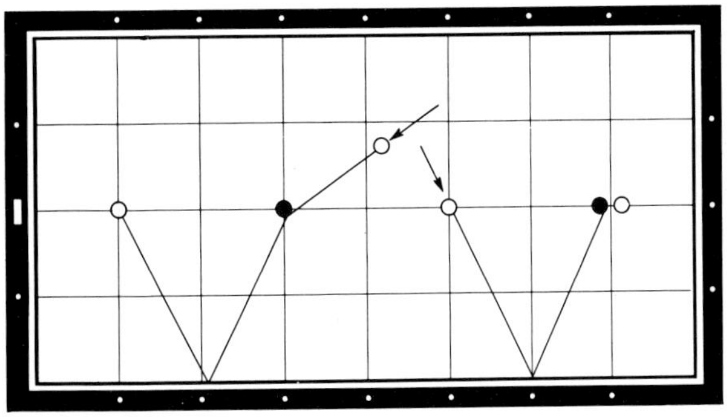

GRAPHIQUE N° 18

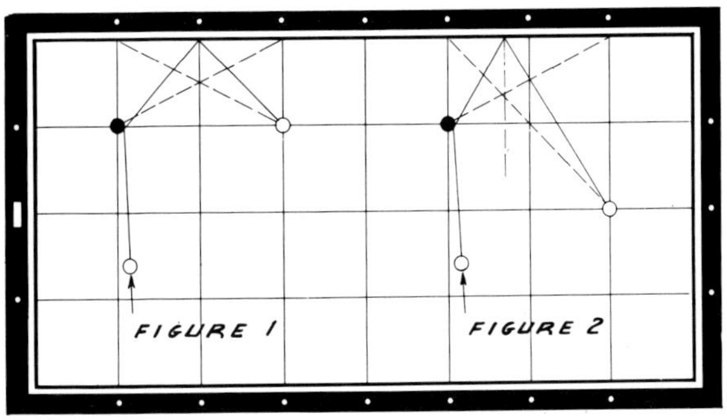

GRAPHIQUE N° 19

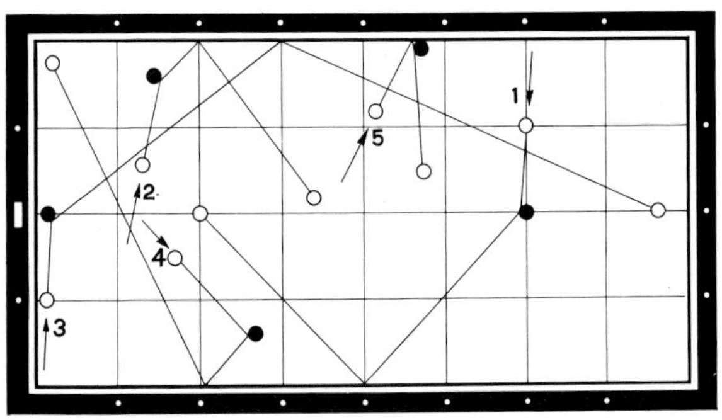

faire un rétro dans les trois coups que je viens de décrire.
Pour faire le carambolage par la bande n° 4 de ce graphique, frappez la bille n° 2, tiers de bille, avec un léger rétro sur la bille n° 1 ; mais sans effet, ce qui devrait rassembler les billes. En ne mettant pas d'effet, vous ralentirez votre bille et vous conserverez ainsi la bille n° 3 dans le coin.

Dans le carambolage par la bande n° 5, il faut frapper la bille n° 2 aussi fin que possible ; la bille n° 1 doit être attaquée juste au-dessus du centre, sans effet, avec un coup de queue juste assez appuyé pour arriver sur la bille n° 3, ce qui laissera, en principe, vos billes dans une bonne position et un point facile à faire pour le coup suivant.
Ce que vous devez retenir en premier lieu, en ce qui concerne la partie à la bande, c'est qu'il faut déterminer le point de choc, qui, bien sûr, change suivant les positions des billes nos 2 et 3, et qu'il ne faut pas mettre d'effet dans la plupart des coups. Attention ! ne rétrogradez dans aucun des trois premiers coups.

Il n'y a pas de règle exacte à suivre pour l'utilisation de l'effet à la bande. Je répète que seule la pratique vous apprendra la quantité approximative d'effet qu'il faut mettre. Si la bille n° 1 doit aller à droite, mettez de l'effet à droite, et vice versa.

Pour la plupart des points de bande, attaquez la bille n° 1 légèrement au-dessus du centre pour éviter tout phénomène de rétro. On n'utilise le rétro à la bande que dans les cas où il est impossible d'attaquer la bille au-dessus du centre, parce qu'il est plus facile de contrôler un coup de queue légèrement au-dessus du centre lorsque les billes sont relativement rapprochées.

Ci-contre : **un grand tournoi de billard à Paris.**

DEUX-BANDES

Pour faire le deux-bandes (carambolage) n° 1 du graphique n° 20, frappez la bille n° 2 par le demi-plein avec beaucoup d'effet à droite au-dessus du centre. Ce coup de queue enverra la bille n° 1 dans le coin, d'où elle effectuera un parcours en V vers la bille n° 3. Vous remarquerez que la plupart des deux-bandes suivent un parcours en V à partir du coin. Une fois que vous aurez compris ce mouvement en forme de V, vous réussirez presque tous les deux-bandes avec une certaine facilité.

La bille n° 1 quitte la seconde bande en formant un angle d'environ 37 degrés lorsqu'elle frappe près d'un coin, comme dans le coup n° 1, ou comme l'indique la ligne pointillée dans le coup n° 2. Le V forme un angle d'environ 37 degrés. On peut représenter le deux-bandes plus simplement en figurant d'abord le parcours de la bille n° 1 à partir d'un coin de la table, et ensuite en compensant. Par exemple, si, dans le coup n° 1, la bille n° 3 était située comme l'indique la ligne pointillée dans le coup n° 1, le point objectif sur la deuxième bande serait un point parallèle. Le deux-bandes est considéré comme un point difficile, mais si vous étudiez très attentivement, et si vous vous entraînez à l'exercice vous deviendrez fort.

Pour réussir le deux-bandes du coup n° 2, attaquez la bille n° 1 légèrement au-dessous du centre avec de l'effet à gauche et frappez la bille n° 2 fin (environ un quart de bille). Il est évident, dans ce coup, que, si la bille n° 2 était frappée de façon que la bille n° 1 aille près du coin, on aurait un parcours en V, comme l'indique le pointillé, mais la bille n° 3 serait certainement manquée. Par conséquent, utilisez le parcours en V comme guide, puis compensez comme sur le graphique. La ligne pointillée montre quel serait le parcours en V si la bille n° 1 frappait le coin.

GRAPHIQUE N° 20

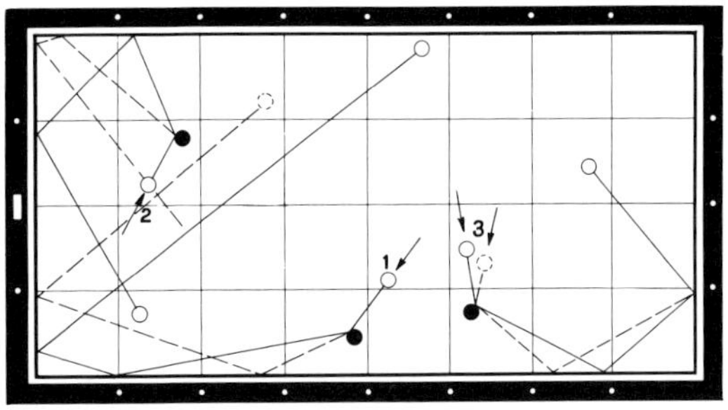

Pour réaliser le deux-bandes montré dans le coup n° 3, faites un carambolage ordinaire depuis la bille n° 2 jusqu'au premier losange de la grande bande ; distance équivalente à celle de la petite bande jusqu'à la bille n° 3. Remarquez que, après avoir touché la première bande, la bille n° 1 frappera le premier losange de la petite bande. Il faut donner un coup de queue moyen pour éviter que la bille n° 1 ne soit déviée de son parcours exact. Ne mettez pas d'effet. Au cas où les billes seraient dans une position telle qu'il soit impossible de jouer sur la première bande en faisant un carambolage ordinaire, mettez de l'effet pour obtenir le même résultat, mais le point que vous devez toucher sur la bande est légèrement plus loin du coin, comme l'indique la ligne pointillée.

PARTIE LIBRE

Si vous vous entraînez à la partie libre, et continuez à jouer régulièrement, vous deviendrez un joueur de trois-bandes et de bande beaucoup plus expérimenté.
Apprenez à garder les billes ; en d'autres termes, apprenez à jouer en les conservant rapprochées et en prévoyant les coups suivants, et vous serez capable de jouer à tous les modes de jeu. Il est important d'acquérir ce savoir, c'est une condition nécessaire pour réussir.
La partie libre vous permet d'apprendre les angles, connaissance que vous n'acquerrez jamais si vous ne la jouez pas.
La raison pour laquelle la partie libre n'est pas un mode de jeu très courant doit être que la plupart des joueurs — mis à part ceux qui sont vraiment débutants — pensent, à tort, que c'est un jeu trop facile. Essayez, un jour, de faire une série de 50 points la partie libre et vous verrez comme c'est « facile ».
Lorsque vous serez capable de faire, de temps à autre, une série de 100 à la partie libre, vous pourrez essayer de jouer au cadre, mais pas avant. Le cadre est, pour ainsi dire, une espèce de partie libre plus compliquée.
Par conséquent, je recommande à chacun d'entre vous de commencer par apprendre et de progresser à la partie libre avant d'essayer de jouer au trois-bandes, à la bande ou au cadre.
Les vingt graphiques suivants représentent les points fondamentaux de la partie libre. Apprenez à les faire et vous posséderez des bases solides. Ces graphiques montrent les différentes positions dans lesquelles il faut placer les billes pour vous entraîner, positions que vous retrouverez souvent en cours de partie.
Suivez, à la lettre, les explications accompagnant ces graphiques, et n'apprenez à faire qu'un point à la fois, jusqu'à ce que vous soyez familiarisé avec la façon de le jouer pour le réussir. Les différents points reproduits ici représentent les bases mêmes de la partie libre.
En dressant la liste de ces coups, j'ai essayé de vous présenter les points fondamentaux qui offrent le plus de possibilités. Je vous les donne avec le souhait qu'ils vous seront d'un secours inestimable.
Ils le seront si vous les étudiez attentivement et si vous vous entraînez en vous conformant aux instructions que je vous ai données. Tous ces coups sont appelés points de « rappel », car ils donnent (laissent) une bonne position pour le coup suivant. Cela est figuré par les cercles sur les graphiques. Si le point est joué correctement, les trois billes doivent s'arrêter à l'intérieur des cercles et vous laisser une excellente position pour le coup suivant.
Souvenez-vous que la partie libre n'est pas un jeu facile, mais vous pourrez l'apprendre rapidement, et quand ce sera fait, vous serez en bonne voie pour devenir un meilleur joueur de billard. C'est un savoir fondamental de niveau supérieur.

POINTS CLÉS A LA PARTIE LIBRE

(Toutes ces positions représentent des points de « rappel » pour le coup suivant.)

GRAPHIQUE N° 21

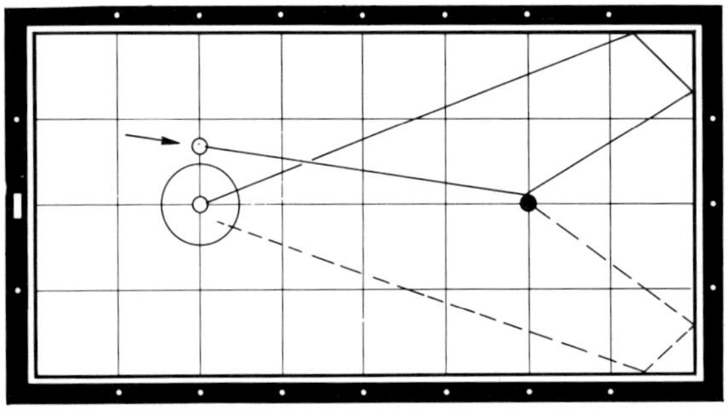

Point de départ - Partie libre et cadre - Point par deux bandes.
Tenir la queue horizontalement.
Frapper la bille n° 2 1/2 plein à gauche.
Attaquez la bille n° 1 légèrement au-dessus du centre.
Prendre 15 cm de flèche.
Donnez un coup de queue moyen.

GRAPHIQUE N° 22

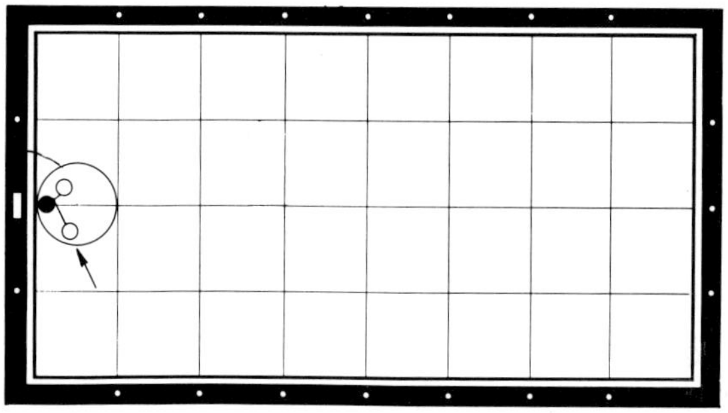

Américaine.
Soulevez légèrement le talon de la queue.
Frappez la bille n° 2 1/2 plein à droite.
Attaquez la bille n° 1 au centre.
Prendre 10 cm de flèche.
Donnez un coup de queue léger.

GRAPHIQUE N° 23

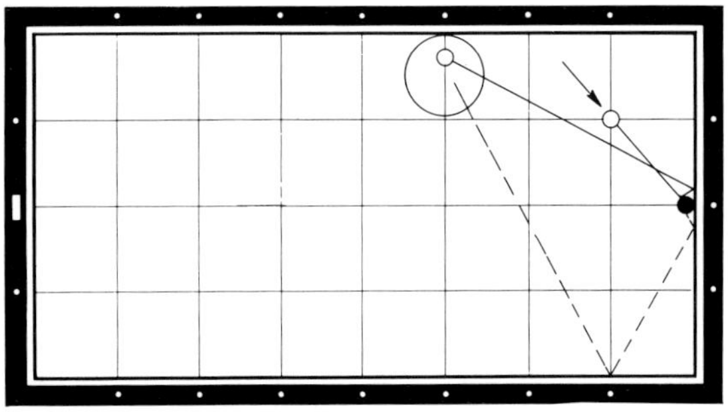

Une bande ou deux.
Tenez la queue horizontalement.
Frappez la bille n° 2 1/2 plein à gauche.
Attaquez la bille n° 1 au centre.
Prendre 13 cm de flèche.
Donnez un coup de queue moyen.

GRAPHIQUE N° 24

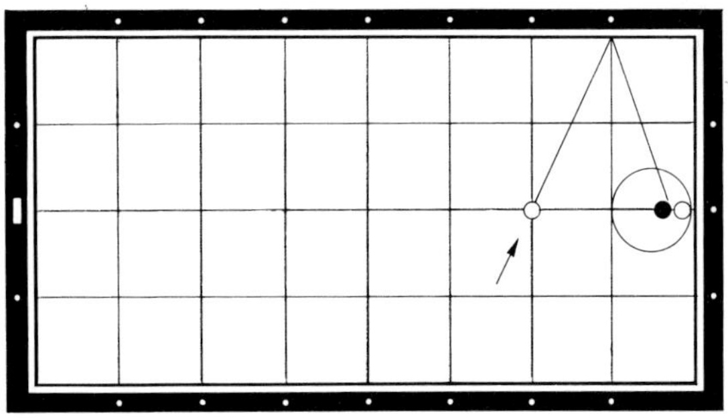

Bande-avant (bricole).
Tenez la queue horizontalement.
Frappez la bande à l'endroit indiqué sur le graphique.
Attaquez la bille n° 1 au centre.
Prendre 10 cm de flèche.
Donnez un coup de queue léger.

GRAPHIQUE N° 25

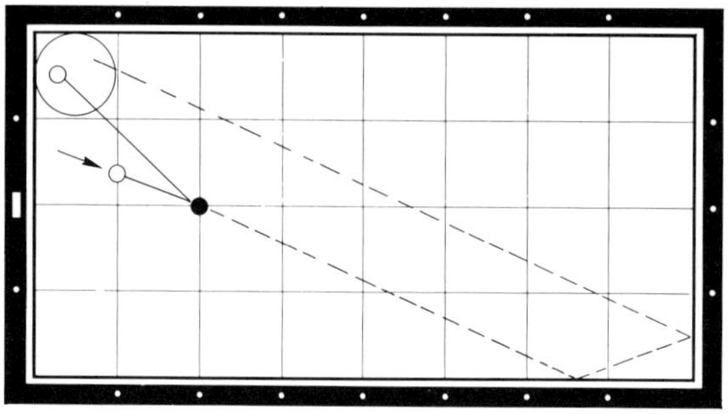

Rétro.
Soulevez légèrement le talon de la queue.
Frappez la bille n° 2 plein, légèrement à gauche.
Attaquez la bille n° 1 demi-bas avec de l'effet à gauche.
Prendre 15 cm de flèche.
Donnez un coup de queue moyen.

GRAPHIQUE N° 26

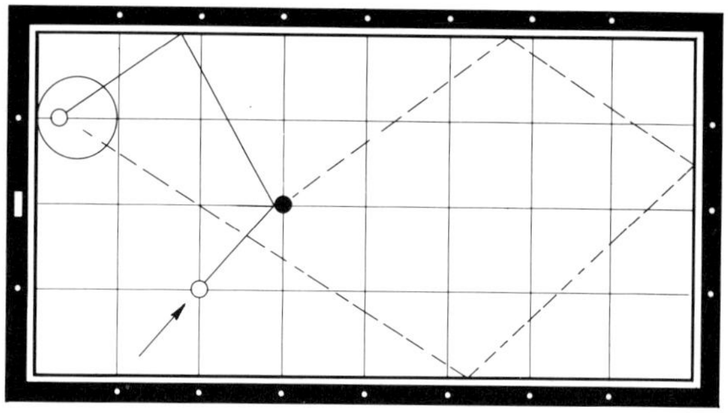

Une bande ou deux.
Tenez la queue horizontalement.
Frappez la bille n° 2 4/5 plein à gauche.
Attaquez la bille n° 1 légèrement au-dessous du centre avec de l'effet à gauche.
Prendre 15 cm de flèche.
Donnez un coup de queue moyen.

GRAPHIQUE N° 27

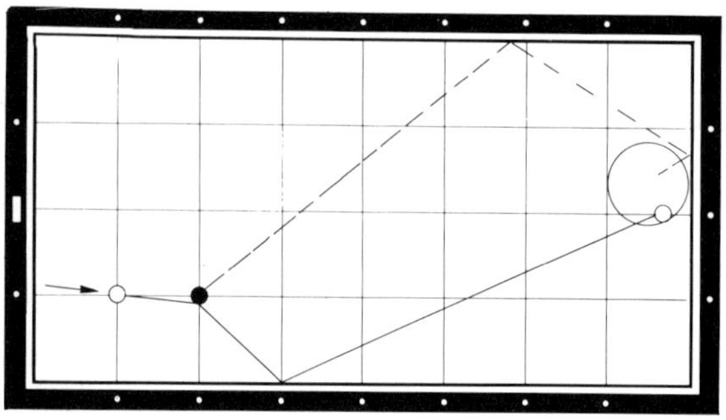

Une bande ou deux.
Tenez la queue horizontalement.
Frappez la bille n° 2 1/2 plein à droite.
Attaquez la bille n° 1 demi-bas avec de l'effet à gauche.
Prendre 15 cm de flèche.
Donnez un coup de queue moyen.

GRAPHIQUE N° 28

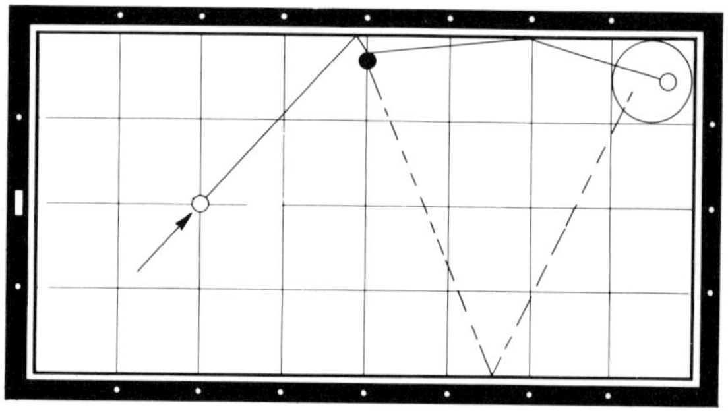

Bande-avant.
Tenez la queue horizontalement.
Frappez la bande à l'endroit indiqué sur le graphique.
Attaquez la bille n° 1 au-dessus du centre avec de l'effet à droite.
Prendre 15 cm de flèche.
Donnez un coup de queue moyen.

GRAPHIQUE N° 29

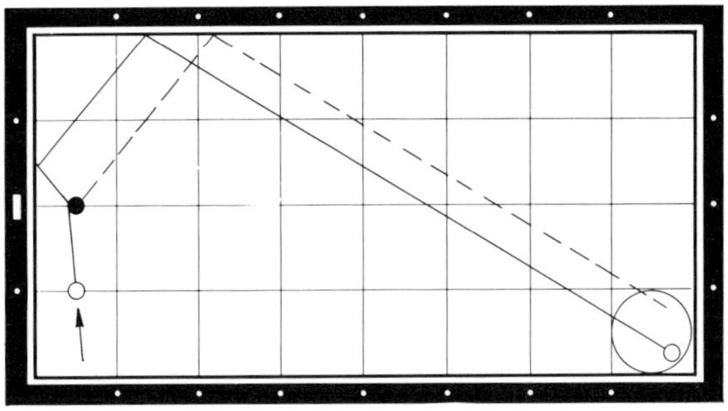

Deux bandes ou trois.
Tenez la queue horizontalement.
Frappez la bille n° 2 1/3 plein à gauche.
Attaquez la bille n° 1 au-dessous au centre avec de l'effet à droite.
Prendre 15 cm de flèche.
Donnez un coup de queue moyen.

GRAPHIQUE N° 30

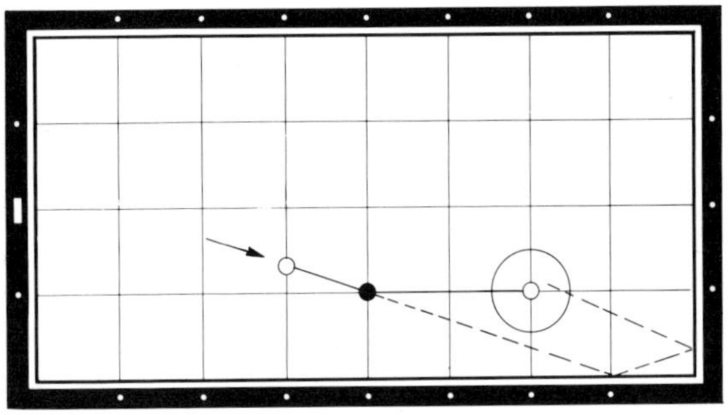

Coulé.
Tenez la queue horizontalement.
Frappez la bille n° 2 4/5 plein à gauche.
Attaquez la bille n° 1 au-dessus du centre.
Prendre 15 cm de flèche.
Donnez un coup de queue moyen.

GRAPHIQUE N° 31

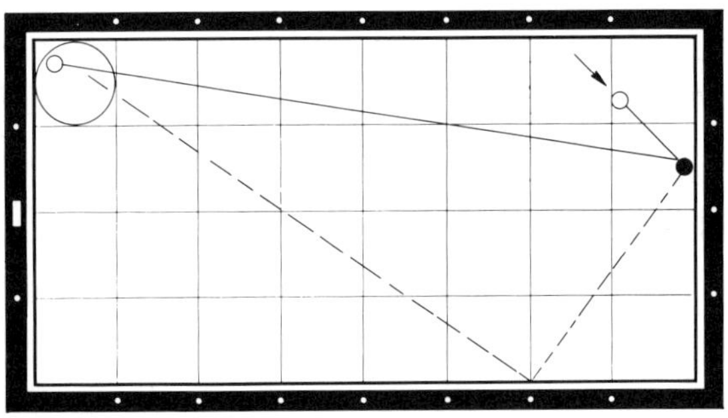

Contre.
Soulevez à peine le talon de la queue.
Frappez la bille n° 2 4/5 plein à droite.
Attaquez la bille n° 1 légèrement au-dessous du centre avec de l'effet à droite. Prendre 15 cm de flèche.
Donnez un coup de queue moyen.

GRAPHIQUE N° 32

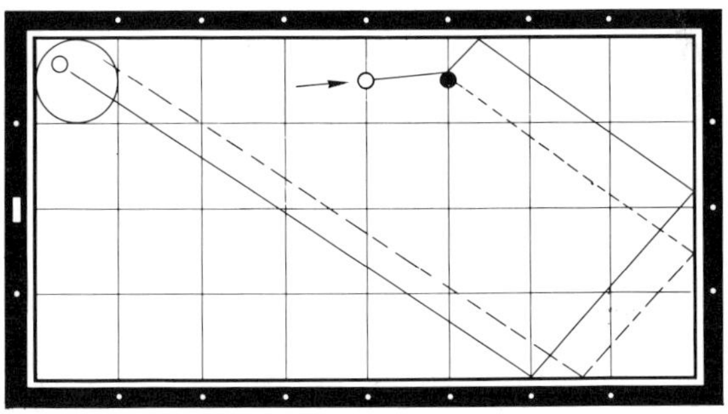

Trois bandes ou quatre.
Tenez la queue horizontalement.
Frappez la bille n° 2 1/3 plein à gauche.
Attaquez la bille n° 1 au centre avec de l'effet à droite.
Prendre 18 cm de flèche.
Donnez un coup de queue moyen.

GRAPHIQUE N° 33

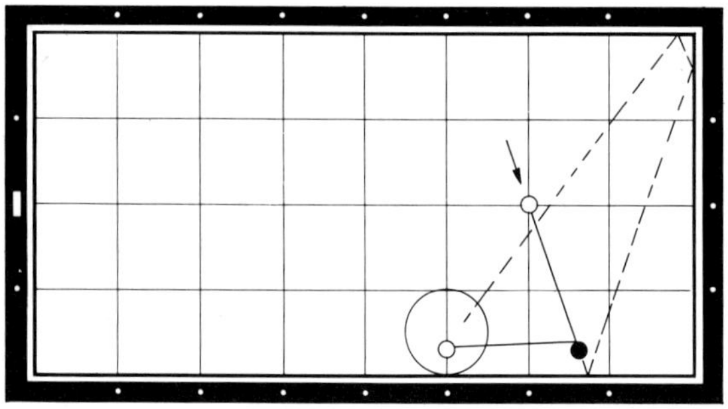

Amorti.
Soulevez à peine le talon de la queue.
Frappez la bille n° 2 4/5 plein à droite.
Attaquez la bille n° 1 légèrement au-dessous du centre avec de l'effet à droite.
Prendre 15 cm de flèche.
Donnez un coup de queue moyen.

GRAPHIQUE N° 34

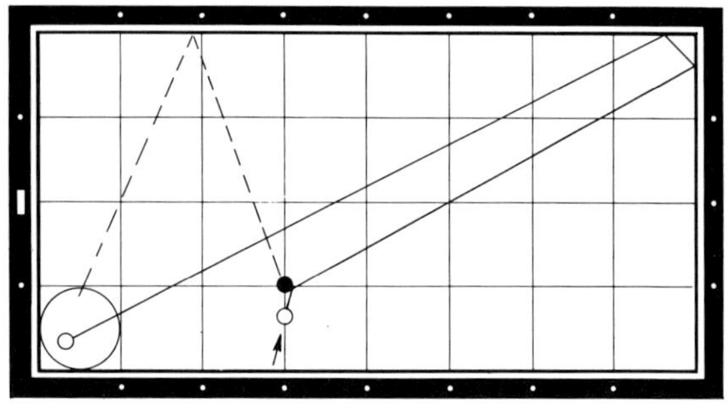

Deux bandes ou trois.
Tenez la queue horizontalement.
Frappez la bille n° 2 1/4 plein à droite.
Attaquez la bille n° 1 au centre avec de l'effet à gauche.
Prendre 15 cm de flèche.
Donnez un coup de queue moyen.

GRAPHIQUE N° 35

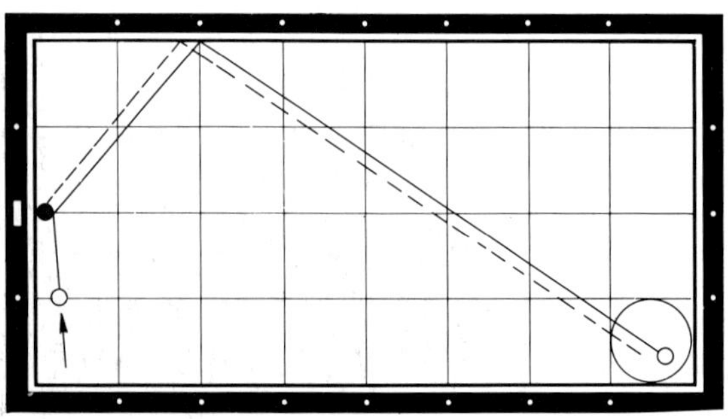

Une bande ou deux.
Tenez la queue horizontalement.
Frappez la bille n° 2 1/2 plein à droite.
Attaquez la bille n° 1 au centre avec légèrement d'effet à droite.
Prendre 15 cm de flèche.
Donnez un coup de queue moyen.

GRAPHIQUE N° 36

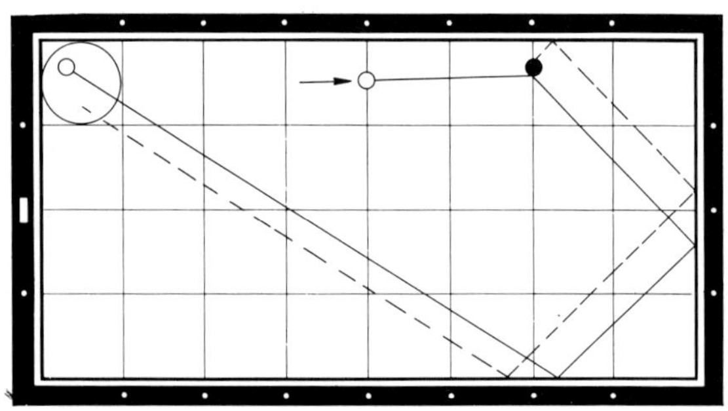

Deux bandes ou trois.
Tenez la queue horizontalement.
Frappez la bille n° 2 1/2 plein à droite.
Attaquez la bille n° 1 au-dessous du centre avec légèrement d'effet à droite.
Prendre 15 cm de flèche. Donnez un coup de queue moyen.

GRAPHIQUE N° 37

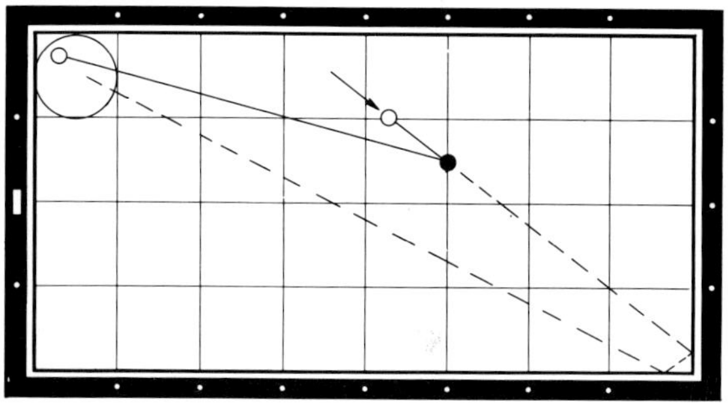

Rétro.
Tenez la queue horizontalement.
Frappez la bille n° 2 4/5 plein à droite.
Attaquez la bille n° 1 au-dessus du centre.
Prendre 13 cm de flèche.
Donnez un coup de queue moyen.

GRAPHIQUE N° 38

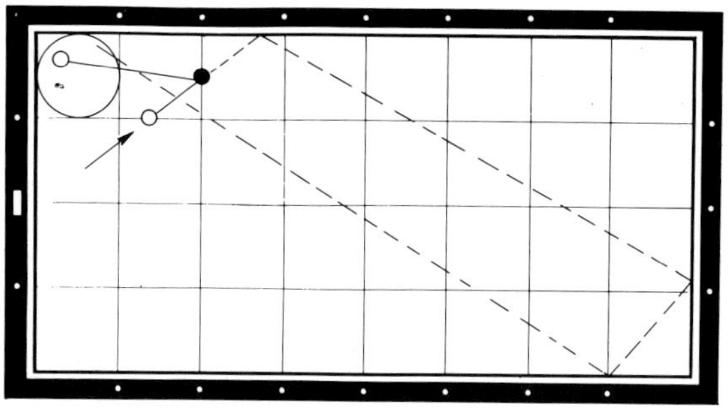

Rétro amorti.
Soulevez à peine le talon de la queue.
Frappez la bille n° 2 4/5 plein à gauche.
Attaquez la bille n° 1 légèrement au-dessous du centre avec de l'effet à gauche.
Prendre 13 cm de flèche.
Donnez un coup de queue moyen.

GRAPHIQUE N° 39

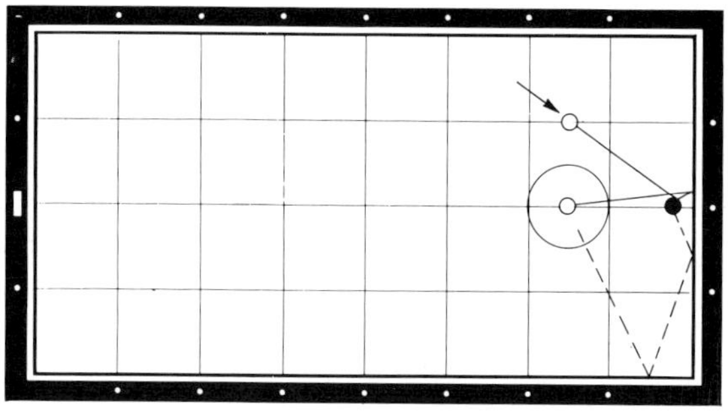

Une bande.
Tenez la queue horizontalement.
Frappez la bille n° 2 1/2 plein à gauche.
Attaquez la bille n° 1 au-dessus du centre.
Prendre 13 cm de flèche.
Donnez un coup de queue moyen.

GRAPHIQUE N° 40

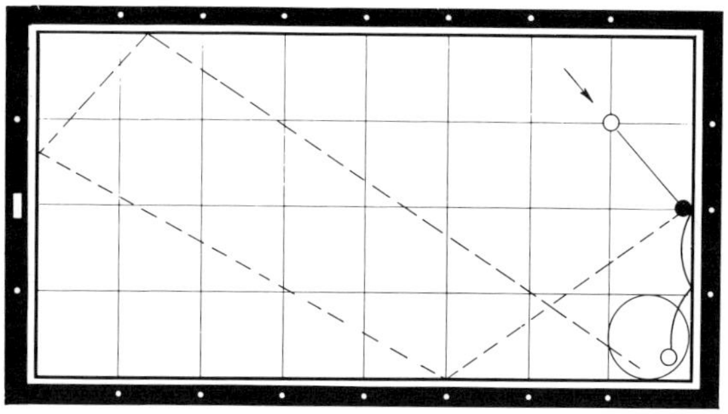

Coulé sur bande.
Tenez la queue horizontalement.
Frappez la bille n° 2 plein.
Attaquez la bille n° 1 au-dessus du centre, le plus haut possible.
Prendre 18 cm de flèche.
Donnez un coup de queue appuyé.

AMÉRICAINE

Si vous étudiez les points suivants, et les pratiquez avec diligence, en vous conformant aux instructions, vous serez surpris de la rapidité avec laquelle vous apprendrez l'américaine, qui est tellement importante à la partie libre. La maîtrise de cette phase du jeu de billard vous aidera à progresser à grands pas.
Pour apprendre la partie libre ou à garder les billes le long de la bande, placez d'abord les billes exactement comme elles le sont dans le coup n° 1 du graphique n° 41, à 2,5 cm de la bande. Remarquez que les billes n°s 2 et 3 sont à un angle de 45 degrés de la bande, position dans laquelle il faudra toujours les garder. Carambolez les billes n°s 2 et 3 par leur centre en attaquant la bille n° 1 très bas, sans effet. Un coup de queue au-dessus du centre accentue la vitesse des billes, alors qu'un coup de queue au-dessous, au contraire, les freine.
Pour jouer le coup n° 2, frappez la bille rouge, comme indiqué sur le graphique, en attaquant bas avec de l'effet à droite. Mettez de l'effet à droite pour orienter la bille rouge vers la gauche. L'effet à droite sur la bille n° 1 provoque un mouvement inverse sur la bille n° 2. Si vous suivez mes conseils, les billes devraient se retrouver à 45 degrés de la bande.
Pour jouer le coup n° 3, frappez la bille n° 2, comme indiqué sur le graphique, avec un coulé et de l'effet à gauche. Vous devriez ainsi rassembler correctement les billes. Le coulé sert à faire avancer les billes, et l'effet gauche sert à envoyer la bille rouge le long de la bande. Tous les coups d'américaine doivent être joués uniquement avec le poignet, pour obtenir un coup de queue en douceur.
Pour réussir le coup n° 4, frappez la bille n° 2, comme indiqué sur le graphique, en attaquant bas et en mettant de l'effet à gauche, pour avancer les billes à droite. Frappez la bille rouge suffisamment plein pour l'entraîner. Ces conseils vous paraîtront vite clairs avec un peu d'entraînement. Les points sont faciles, et la seule difficulté réside dans le coup de queue, que vous maîtriserez très vite si vous attaquez la bille n° 1 bas, avec un coup de poignet.

GRAPHIQUE N° 41

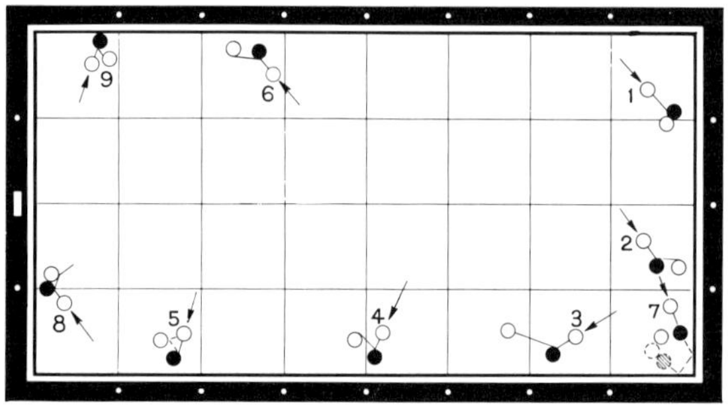

Pour jouer le coup n° 5, frappez la bille n° 2, comme indiqué sur le graphique, extrêmement fin pour éviter que les billes ne se masquent. Attaquez la bille n° 1, bas, sans effet. Souvenez-vous que la position correcte des billes n°s 2 et 3 correspond à un angle de 45 degrés par rapport à la bande, comme dans le coup n° 1, et qu'il faut, chaque fois, jouer de manière à ramener les billes dans cette position.
Pour le point n° 6, coulez la bille n° 2 par le demi-plein, avec de l'effet à gauche, comme sur le graphique, pour qu'elle soit légèrement détachée de la bande, et que les billes ne se masquent pas. Cependant, laissez la bille n° 3 près de la bande afin que les billes forment l'angle de 45 degrés.
Tous les autres points d'américaine sont des variations des coups précédents, sauf le massé, qui est expliqué page 99. N'oubliez pas que l'effet à droite sur la bille n° 1 provoque un mouvement inverse sur la bille n° 2, et vice versa. Retenez l'endroit où la

queue frappe la bille n° 1 et l'effet utilisé dans ces coups.
Dans le point n° 7, pour « tourner le coin », mettez de l'effet à gauche et frappez la bille n° 2 presque plein pour lui faire faire le parcours indiqué par la ligne pointillée. La bille n° 1 doit à peine « couler » sur la bille n° 2, pour que les trois billes se retrouvent en position favorable d'américaine contre la bande, soit à 45 degrés.
Le coup n° 8 (le très connu point de l'ancre au cadre) doit être joué avec un coup de queue particulièrement délicat : effet à droite, contre de la bille rouge, et point sur la bille blanche sans la faire bouger. La bille n° 1 revient par le même chemin, sans déplacer la bille blanche, et presque plein sur la bille rouge, « collée » à la bande.
Le coup n° 9 est la position correcte des billes très rapprochées. Il se joue en attaquant la bille n° 1 au-dessous du centre avec un coup de queue très délicat, un léger effet à gauche, et juste assez fort pour faire le point. La bille attaquée au-dessus du centre retient la bille rouge contre la bande. Cette position fut utilisée par mon ami Charlie Peterson lorsqu'il fit 20 000 points en une heure quarante et une minute huit secondes, à Chicago, en 1935, ce qui fait à peu près une moyenne de 3,296 points par seconde.
Entraînez-vous à faire des points semblables à ceux que je viens de décrire : non seulement vous apprendrez à faire des points, mais encore à toujours laisser les billes dans une position avantageuse pour le coup suivant.
La force des grands joueurs repose d'abord sur leur entraînement. Le but essentiel d'un entraînement constant est de vous rendre capable de faire n'importe quel point.

Le secret de la partie libre, de la bande et du cadre réside dans le fait de savoir garder les billes dans une position facile pour le coup suivant. Les joueurs expérimentés prévoient le coup d'après, c'est pourquoi tout semble si simple quand on les regarde.
Une grande partie de mon succès est due au fait que je m'attache particulièrement à jouer de la sorte. C'est le facteur qui m'a permis de conserver le titre mondial au cadre pendant de nombreuses années.

LE TROIS-BANDES

INTRODUCTION

Le trois-bandes est le mode de jeu le plus populaire et le plus séduisant au billard. Avec une connaissance approfondie des principes de base du billard, appliqués avec intelligence, n'importe quel joueur peut maîtriser le trois-bandes en appliquant de simples formules d'arithmétique.
Vous aurez un avantage énorme à ce jeu si vous suivez attentivement les principes et les conseils précédents, étant donné que ce sont les « seules et uniques » règles d'enseignement et de principes à suivre. C'est pourquoi si votre coup de queue n'est pas au point, etc., et si vous n'avez pas une connaissance approfondie de la partie libre, vous aurez du mal à exécuter ce genre de coups et à devenir un bon joueur de trois-bandes.

Avant d'étudier la phase mathématique de ce jeu, je vous conseille d'apprendre les points fondamentaux du trois-bandes — coups nature — qui couvrent l'essentiel de ce que vous devez savoir.

30

30. Position correcte pour le point de départ.

Ces coups sont les « points clés » naturels qui se présentent à ce mode de jeu.
Vous ne devez pas étudier le système mathématique supérieur (d'un niveau élevé), connu sous le nom de Diamond System, avant de maîtriser les coups suivants. Les numérotages qui sont inscrits autour du billard, sur les graphiques, représentent le calcul de la position des billes nos 1 et 2 et servent à appliquer le Diamond System. Ils sont expliqués de façon détaillée dans les chapitres réservés au Diamond System. Ne tenez pas compte de ces numérotages pour le moment, mais, quand vous aurez étudié le Système, jouez de nouveau ces coups, cette fois, en en tenant compte très attentivement.
J'ai réuni ces vingt-trois points clés fondamentaux au trois-bandes (décrits en vingt graphiques) pour que vous en retiriez les bases qui vous permettront de bien jouer à ce mode de jeu. Ils vous seront très utiles pour devenir un joueur expérimenté si vous exploitez vos aptitudes naturelles. Fondez votre jeu sur eux.
Laissons un moment les considérations sérieuses de côté, car je vais vous raconter une anecdote amusante qui m'est revenue à l'esprit en parlant de trois-bandes :
Au cours de mes nombreuses tournées, je fus, un jour, engagé pour une grande exhibition d'ouverture, dans une ville de l'Ouest, par le propriétaire d'une salle de billard, débutant dans le métier.
Lorsque j'arrivai à mon rendez-vous, il se précipita vers moi et s'exclama, d'une voix surexcitée :
« Monsieur Hoppe ! je ne sais pas ce que nous allons faire ! Je me suis fait beaucoup de souci pour votre démonstration de trois-bandes. J'espère que vous jouez aussi bien au quatre-bandes qu'au trois-bandes, car je n'ai aucun billard à trois-bandes dans mon établissement ; ils ont tous quatre bandes. »

POINTS CLEFS AU TROIS-BANDES

Ma position devant le billard, le niveau de la queue, etc., pour le coup d'envoi sont illustrés par la photographie n° 30. Je joue toujours ce point inversé par rapport au graphique n° 42 en partant du côté droit pour aller à gauche. Mais ce n'est pas important, le point peut très bien se jouer des deux côtés. Faites-le simplement du côté que vous préférez, votre meilleur côté. Pour réaliser le point représenté sur le graphique, attaquez la bille n° 1 à gauche du centre, la valeur d'un procédé, pour mettre de l'effet, et frappez la bille n° 2 deux tiers plein. Entraînez-vous à faire ce point jusqu'à ce que vous le réussissiez régulièrement, parce qu'un point manqué ou réussi suffit souvent à décider d'une défaite ou d'une victoire. Apprenez donc à réussir ce point avec beaucoup de précision.
La photographie n° 32 illustre une étude intéressante du point de départ sur lequel je travaille en ce moment. La bille unie est la bille n° 1, la bille pointée, la bille n° 2, et la bille rayée, la bille n° 3. Cette photographie a paru dans *Life Magazine*, et elle est reproduite ici grâce à l'aimable autorisation de leurs éditeurs et du photographe Gjon Mili. Le stroboscope de M. Mili est le seul appareil à pouvoir photographier ce coup, qui fixe tout le parcours des billes pendant l'exécution du point.
Pour faire le carambolage du trois-bandes tel qu'il est montré dans le coup n° 1 du graphique n° 62, placez les trois billes dans un même alignement en utilisant les losanges des bandes pour mesurer leur écartement. Attaquez la bille n° 1 au-dessus du centre avec de l'effet à droite et frappez la bille n° 2 un tiers plein. Il faut que la bille n° 1 heurte la grande bande droite

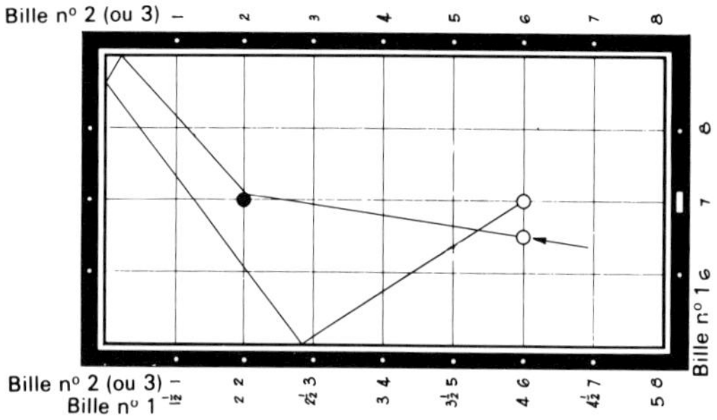

GRAPHIQUE N° 42

Position de départ.
Tenez la queue horizontalement.
Frappez la bille n° 2 1/3 plein à droite.
Attaquez la bille n° 1 au centre avec légèrement d'effet à gauche.
Prendre 18 cm de flèche.
Donnez un coup de queue moyen.

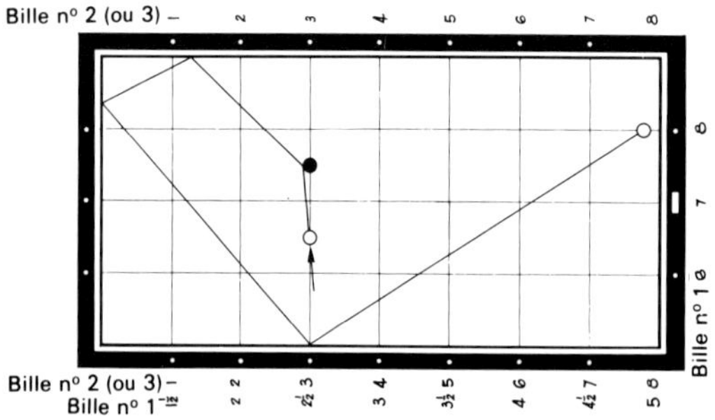

GRAPHIQUE N° 43

Coup nature. Trois bandes ou quatre.
Tenez la queue horizontalement.
Frappez la bille n° 2 1/3 plein à gauche.
Attaquez la bille n° 1 au centre avec de l'effet à gauche.
Prendre 15 cm de flèche.
Donnez un coup de queue moyen.

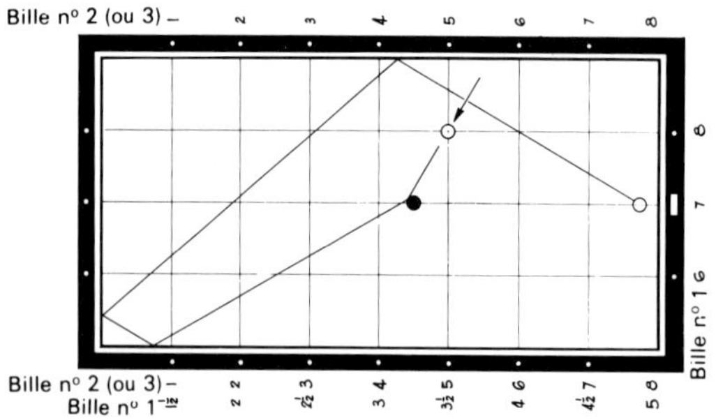

GRAPHIQUE N° 44

Trois bandes ou quatre.
Tenez la queue horizontalement.
Frappez la bille n° 2 1/4 plein à droite.
Attaquez la bille n° 1 au centre avec légèrement d'effet à droite.
Prendre 15 cm de flèche.
Donnez un coup de queue moyen.

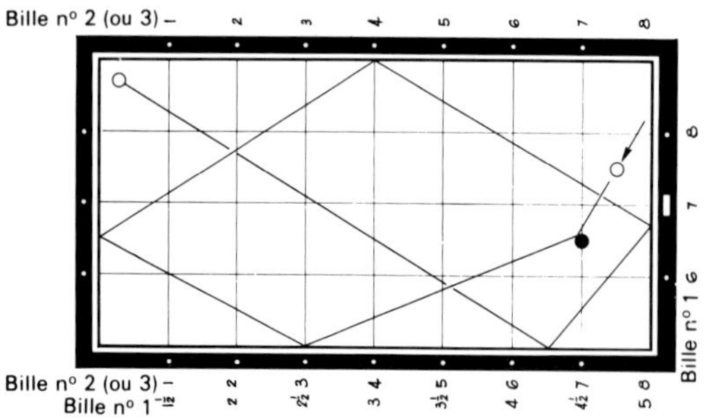

GRAPHIQUE N° 45

Cinq bandes, six ou sept.
Tenez la queue horizontalement.
Frappez la bille n° 2 fin.
Attaquez la bille n° 1 au centre avec de l'effet à droite.
Prendre 20 cm de flèche.
Donnez un coup de queue appuyé.

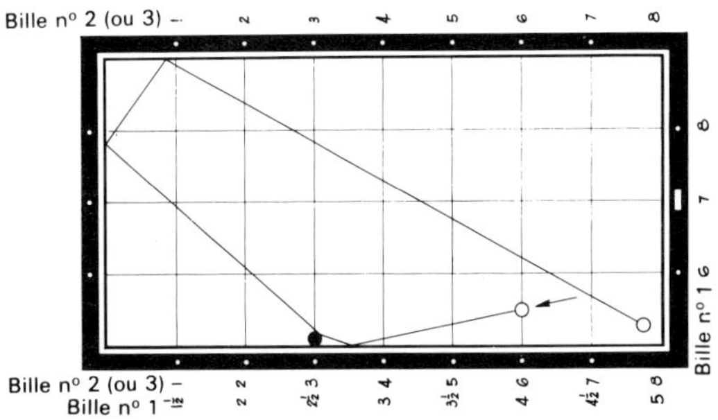

GRAPHIQUE N° 46

Bille n° 2 collée. Bande-avant par trois bandes ou quatre.

Tenez la queue horizontalement.
Frappez la bande comme indiqué sur le graphique.
Attaquez la bille n° 1 au-dessus du centre, effet à droite.
Prendre 18 cm de flèche.
Donnez un coup de queue moyen.

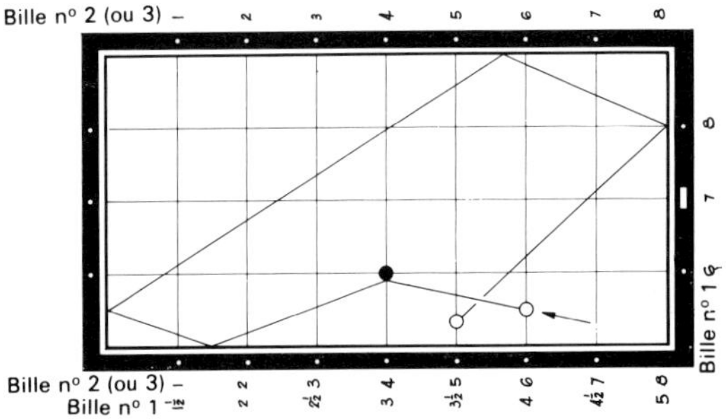

GRAPHIQUE N° 47

Quatre bandes ou cinq.

Tenez la queue horizontalement.
Frappez la bille n° 2 1/4 plein à gauche.
Attaquez la bille n° 1 au-dessus du centre avec de l'effet à droite.
Prendre 18 cm de flèche.
Donnez un coup de queue moyen.

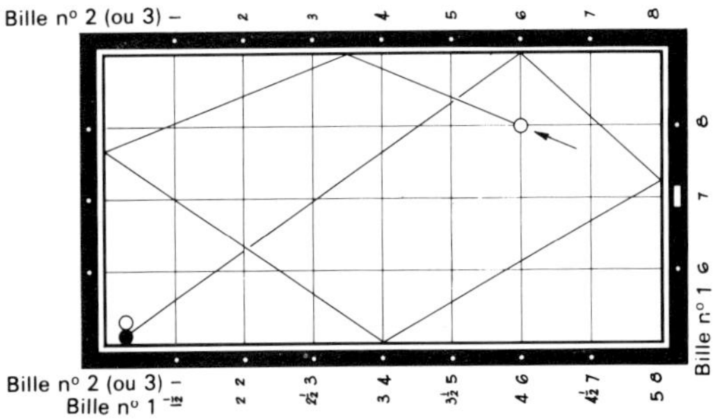

GRAPHIQUE N° 48

Bande-avant par cinq bandes ou six.

Tenez la queue horizontalement.
Frappez la bande comme indiqué sur le graphique.
Attaquez la bille n° 1 au centre avec de l'effet à gauche.
Prendre 18 cm de flèche.
Donnez un coup de queue appuyé.

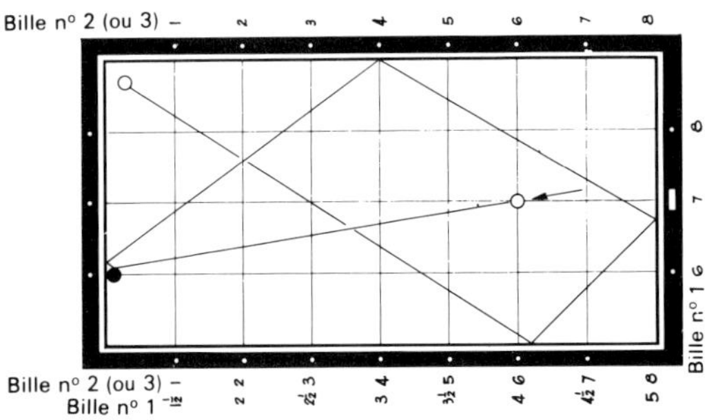

GRAPHIQUE N° 49

Quatre bandes, cinq ou six. Bille n° 2 collée à la bande.

Relevez à peine le talon de la queue.
Frappez la bille n° 2 1/4 plein à droite.
Attaquez la bille n° 1 au-dessous du centre avec légèrement d'effet à droite.
Prendre 20 cm de flèche.
Donnez un coup de queue appuyé.

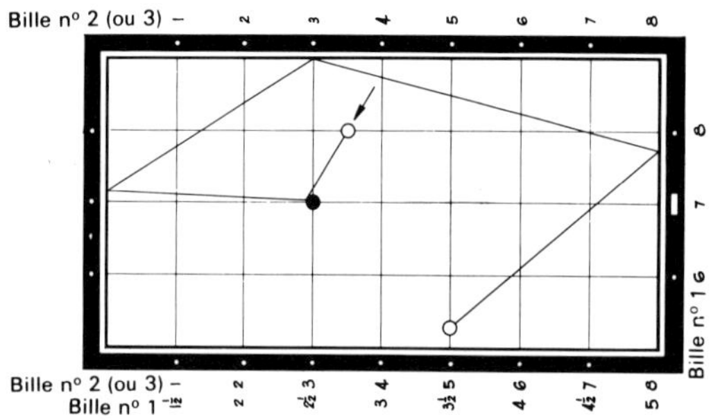

GRAPHIQUE N° 50

Trois bandes ou quatre par le plein de la rouge.
L'effet se développe sur la grande bande.
Tenez la queue horizontalement.
Frappez la bille n° 2 3/4 plein à droite.
Attaquez la bille n° 1 très bas avec de l'effet à droite.
Prendre 18 cm de flèche.
Donnez un coup de queue appuyé.

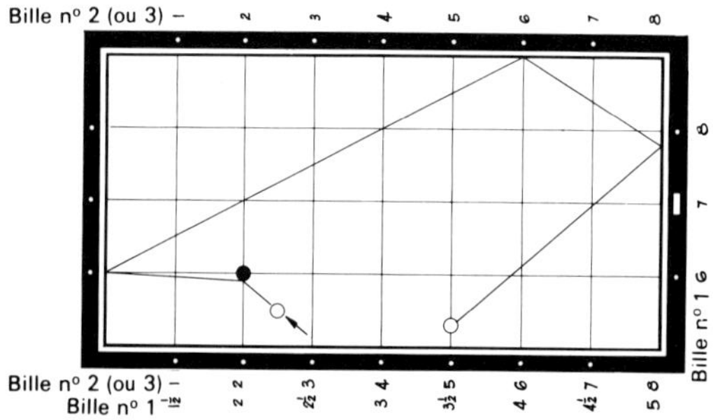

GRAPHIQUE N° 51

Trois bandes ou quatre, avec maximum d'effet.
Tenez la queue horizontalement.
Frappez la bille n° 2 1/4 plein à gauche.
Attaquez la bille n° 1 au centre avec de l'effet à droite.
Prendre 18 cm de flèche.
Donnez un coup de queue moyen.

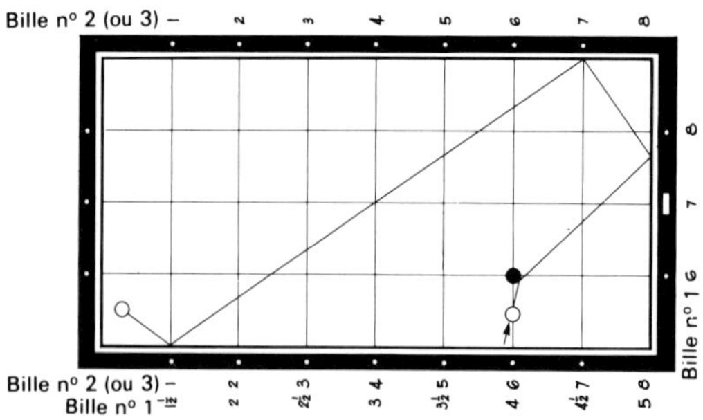

GRAPHIQUE N° 52

Trois bandes ou quatre à l'aide du Système.
Tenez la queue horizontalement.
Frappez la bille n° 2 1/4 plein à droite.
Attaquez la bille n° 1 au centre avec de l'effet à gauche.
Prendre 15 cm de flèche.
Donnez un coup de queue moyen.

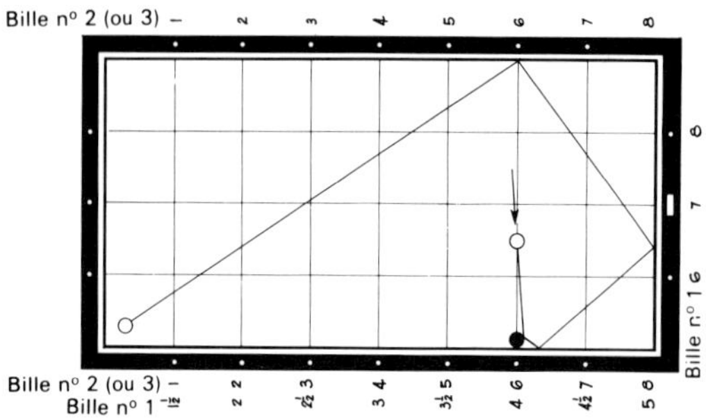

GRAPHIQUE N° 53

Trois bandes ou quatre. Bille n° 2 collée à la bande.
Tenez la queue horizontalement.
Frappez la bille n° 2 1/4 plein à gauche.
Attaquez la bille n° 1 au centre avec de l'effet à gauche.
Prendre 15 cm de flèche.
Donnez un coup de queue moyen.

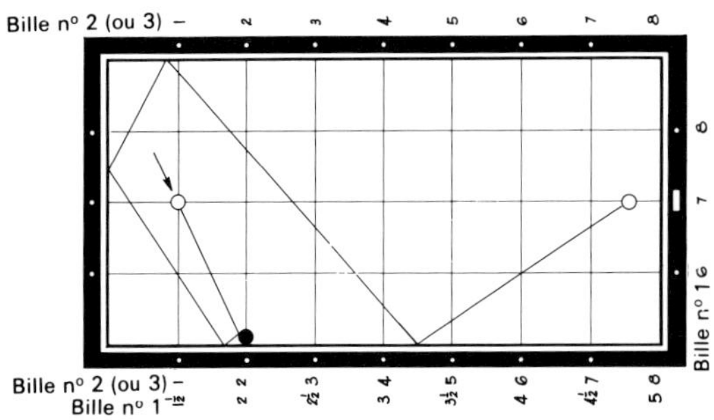

GRAPHIQUE N° 54

Quatre bandes ou cinq avec effet renversé sur la quatrième bande.
Tenez la queue horizontalement.
Frappez la bille n° 2 1/3 plein à droite.
Attaquez la bille n° 1 demi-bas avec de l'effet à droite.
Prendre 18 cm de flèche.
Donnez un coup de queue soutenu.

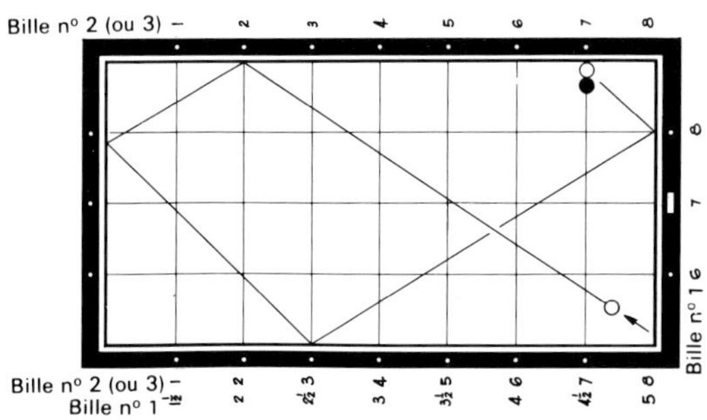

GRAPHIQUE N° 55

Bande-avant par quatre bandes ou cinq.
Tenez la queue horizontalement.
Frappez la bande comme indiqué sur le graphique.
Attaquez la bille n° 1 au centre avec maximum d'effet à gauche.
Prendre 15 cm de flèche.
Donnez un coup de queue moyen.

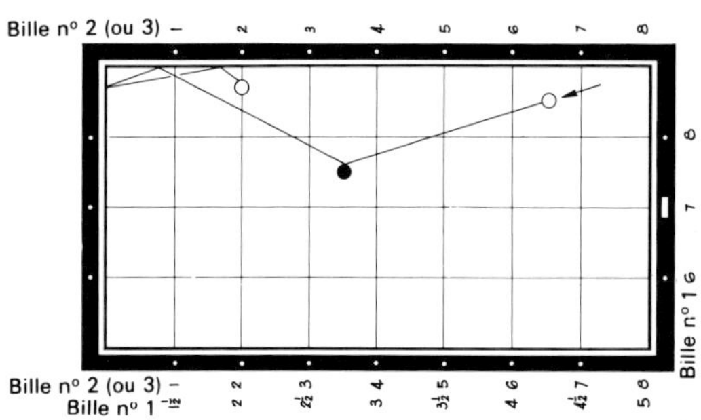

GRAPHIQUE N° 56

Trois bandes renversé avec redoublement de la grande bande.
Tenez la queue horizontalement.
Frappez la bille n° 2 3/4 plein à droite.
Attaquez la bille n° 1 au-dessus du centre avec de l'effet à droite.
Prendre 18 cm de flèche.
Donnez un coup de queue moyen.

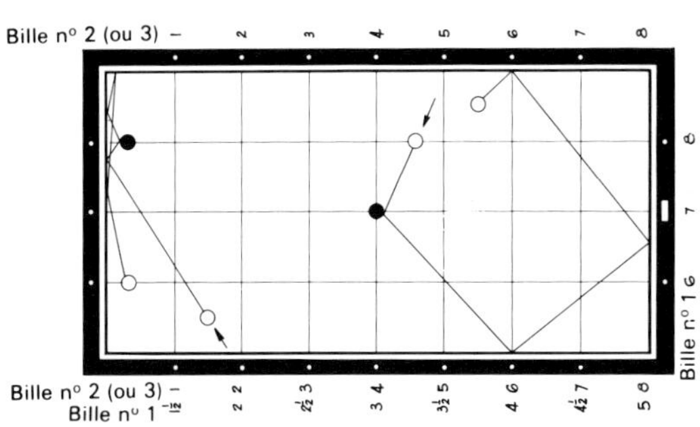

GRAPHIQUE N° 57

(A gauche) Bande-avant effet contraire, trois bandes ou quatre.
Tenez la queue horizontalement.
Frappez la bande comme indiqué sur le graphique.
Attaquez la bille n° 1 au-dessus du centre avec de l'effet à gauche.
Prendre 15 cm de flèche.
Donnez un coup de queue moyen.

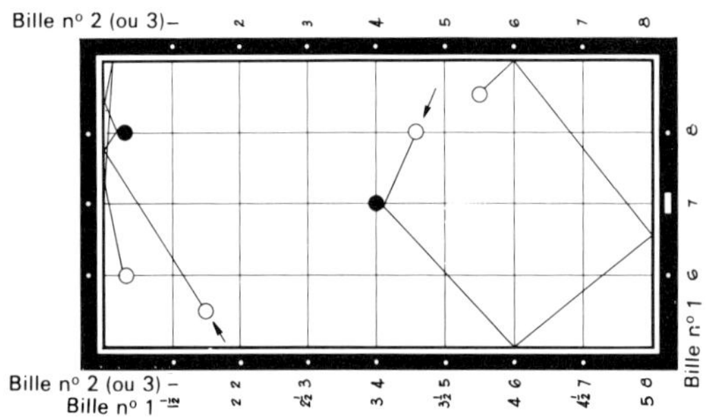

GRAPHIQUE N° 57

(A droite) Trois bandes nature.
Tenez la queue horizontalement.
Frappez la bille n° 2 3/4 plein, à gauche.
Attaquez la bille n° 1 au centre avec de l'effet à gauche.
Prendre 15 cm de flèche.
Donnez un coup de queue moyen.

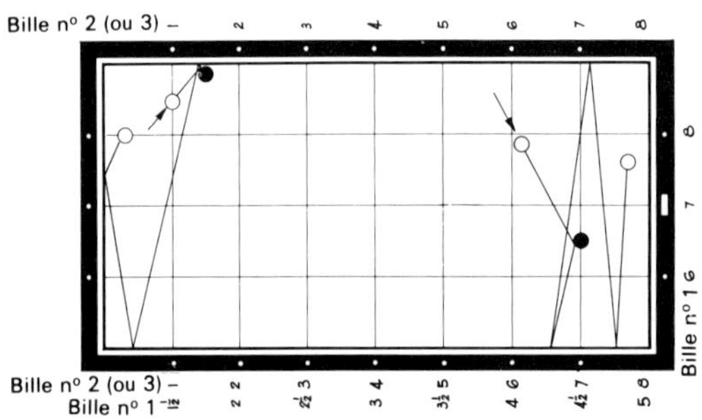

GRAPHIQUE N° 58

(A gauche) Trois bandes dans la largeur.
Soulevez légèrement le talon de la queue.
Frappez la bille n° 2 fin à gauche.
Attaquez la bille n° 1 au-dessous du centre.
Prendre 15 cm de flèche.
Donnez un coup de queue moyen.

GRAPHIQUE N° 58

Voir graphique au-dessus

(A droite) Trois bandes ou quatre en travers du billard.
Soulevez légèrement le talon de la queue.
Frappez la bille n° 2 fin à droite.
Attaquez la bille n° 1 au centre avec légèrement d'effet à gauche.
Prendre 15 cm de flèche.
Donnez un coup de queue soutenu.

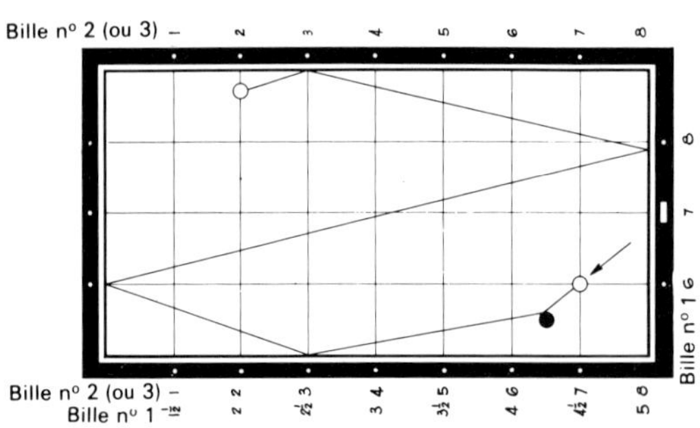

GRAPHIQUE N° 59

Trois bandes dans la longueur par quatre bandes.
Soulevez légèrement le talon de la queue.
Frappez la bille n° 2 1/4 plein à droite.
Attaquez la bille n° 1 légèrement au-dessus du centre, sans effet.
Prendre 20 cm de flèche.
Donnez un coup de queue soutenu.

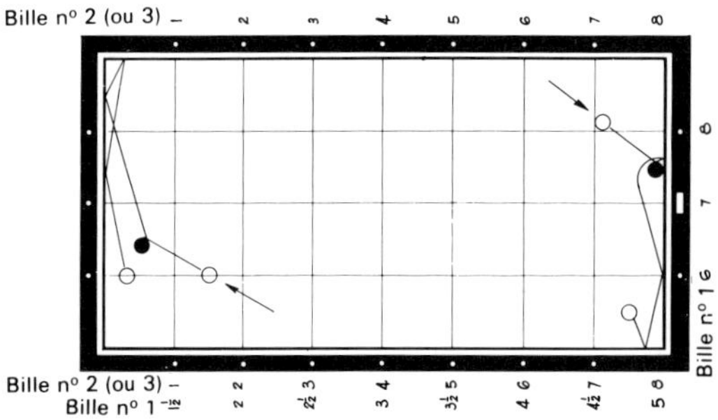

GRAPHIQUE N° 60

(A gauche) Trois bandes renversé avec redoublement de la petite bande.

Tenez la queue horizontalement.

Frappez la bille n° 2 2/3 plein à droite.

Attaquez la bille n° 1 au-dessus du centre, le plus haut possible, avec de l'effet à gauche.

Prendre 15 cm de flèche.

Donnez un coup de queue moyen.

Voir graphique au-dessus

GRAPHIQUE N° 60

(A droite) Trois bandes avec deux bandes sur la petite bande.

Tenez la queue horizontalement.

Frappez la bille n° 2 plein.

Attaquez la bille n° 1 au-dessus du centre avec de l'effet à droite.

Prendre 18 cm de flèche.

Donnez un coup de queue soutenu.

Ce point est décomposé sur la photographie n° 33.

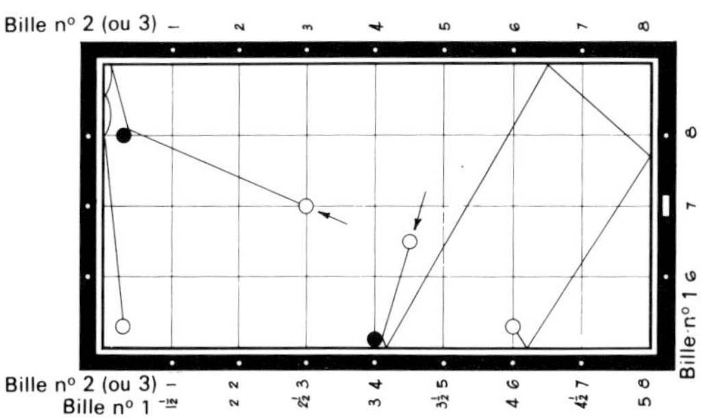

GRAPHIQUE N° 61

Trois bandes par l'intérieur avec effet contraire.

Tenez la queue horizontalement.

Frappez la bille n° 2 3/4 plein à gauche.

Attaquez la bille n° 1 au-dessus du centre avec de l'effet à droite.

Prendre 18 cm de flèche.

Donnez un coup de queue soutenu.

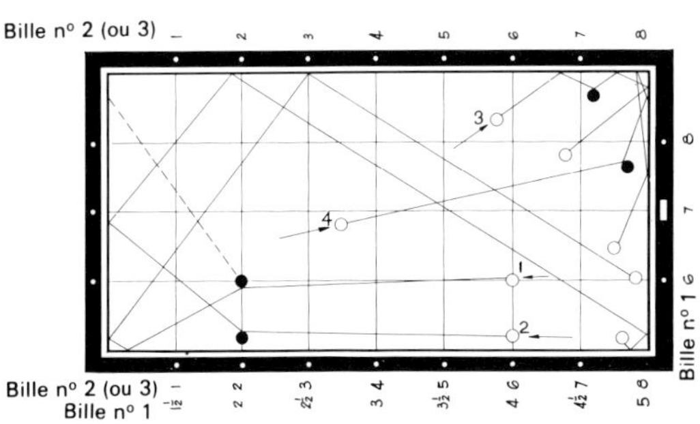

GRAPHIQUE N° 62

31

31. Exécution d'un trois-bandes.

près du troisième losange. Lorsque les billes sont dans une position identique à celle-ci, alignées, avec la bille n° 3 près de la bande, frappez la bille n° 2 gauche, étant donné que vous êtes en présence d'un coup nature.
Un coup nature signifie un point facile à faire grâce aux angles parfaits que l'on peut obtenir.

Par exemple, si, dans le coup n° 2, la bille n° 2 était à 7 cm ou plus de la bande, il faudrait, pour bien jouer ce point, frapper la bille n° 2 à gauche, toucher la bande la plus proche, puis la petite bande du haut, et enfin l'autre grande bande. Il est plus facile de faire le point dans ces conditions qu'en frappant la bille n° 1 à droite. A peu d'exceptions près, tous les points de trois-bandes doivent être joués avec un effet naturel, c'est-à-dire que vous devez attaquer la bille n° 1 légèrement au-dessus du centre avec du bon effet.
Le coup n° 2 peut être exécuté par trois ou quatre bandes. Il faut frapper la bille n° 2 demi-plein, en touchant la grande bande droite près du second losange, et attaquer la bille n° 1 au-dessus du centre, avec de l'effet à droite. Lorsque la bille n° 3 se trouve près du coin, comme le point décrit, la bille n° 1 doit toujours toucher la grande bande opposée près du second losange ; mais, lorsque la bille n° 3 est à 30 ou 40 cm du coin, comme dans le coup n° 1, il faut toucher le troisième losange, etc.
C'est un point important dont il faudra vous souvenir.

(Voir le paragraphe des « Losanges correspondants » dans le Diamond System.) Cela s'applique à la plupart des points de trois-bandes.

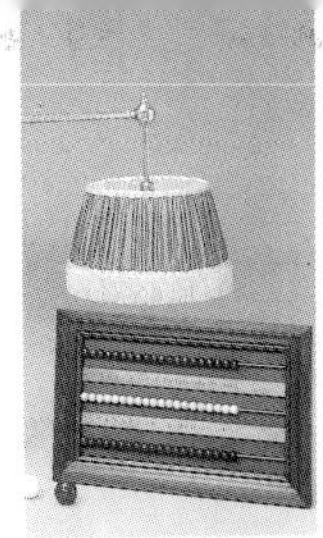

32

32. Point de départ.

Le point n° 3 se joue par bande-avant. Attaquez la bille n° 1 au-dessus du centre avec de l'effet à droite. Le coup n° 4, appelé « serpentin », se joue avec effet renversé maximal (à droite, dans le cas présent) et en attaquant la bille n° 1 en tête, avec un coup de queue vif.
On manque beaucoup de points au trois-bandes par suite de contres (ou bosses) de la bille n° 1 sur les billes n°s 2 ou 3. Dans la plupart des cas, on peut les éviter en dirigeant la bille n° 2 dans le coin opposé, comme l'indique la ligne pointillée dans le coup n° 1 et, s'il le faut, en attaquant la bille n° 1 légèrement plus bas que d'habitude, pour compenser la finesse avec laquelle la bille n° 2 est touchée.

Dans la plupart des points de trois-bandes, il faut frapper la bille n° 2 relativement plein. Les losanges vous serviront énormément au trois-bandes avec le Diamond System. Spécialement le second losange de la bande latérale, quand la bille n° 3 est dans le coin du côté opposé. Essayez de grossir une bille, c'est-à-dire d'avoir une bille n° 3 rapprochée d'une bande ou près d'un coin, car vous aurez, dans ce cas, deux chances, ou davantage, de faire le point, en arrivant, en repartant, en heurtant directement la bille, en quittant la bande, etc. Reportez-vous au chapitre intitulé : « Science du jeu de billard ».
Essayez de donner des coups de queue correspondant exactement à la force nécessaire pour faire le point. Le plus souvent, c'est le coup de queue le plus naturel qui vous donnera le plus de précision. Choisissez toujours le parcours le plus court, autrement dit, préférez un angle plus court à un angle long, vous éviterez plus facilement les contres, etc.

33

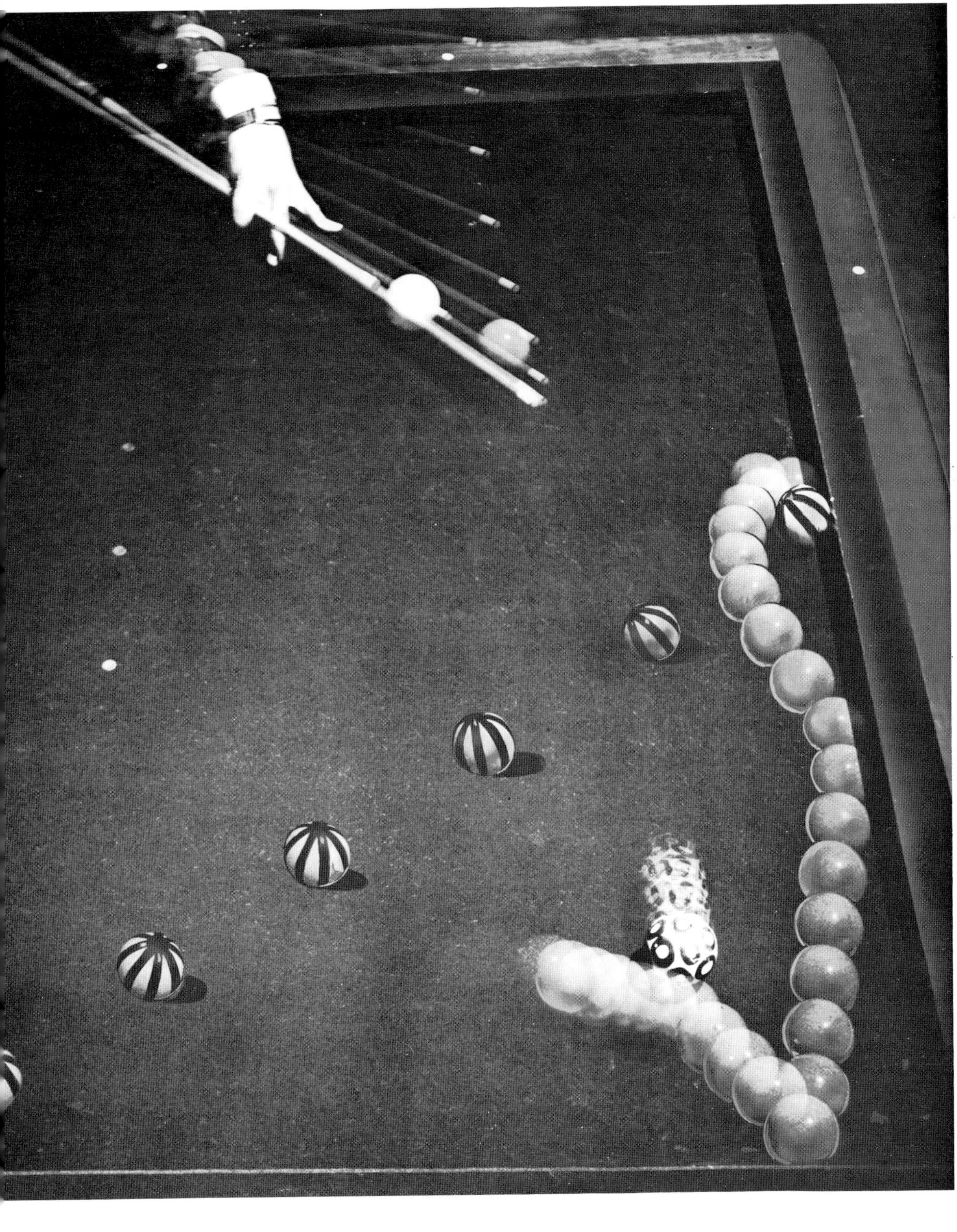

33. Exécution du coup de trois-bandes avec répétition sur la petite bande, dessiné à droite du graphique n° 60. Remarquez le coup de queue allongé.

LES POINTS MAL JUGÉS ET SOUVENT MANQUÉS

Voici venu le moment d'expliquer et d'illustrer les points qui sont souvent manqués, simplement parce qu'ils sont mal compris par la majorité des joueurs, ou parce qu'on les leur a mal enseignés.
Regardez les six points de bande-avant représentés sur les graphiques n°s 63, 64, 65, 66 et 67.
Sur le graphique n° 63, en haut la position exige un effet naturel ; celle du bas, de l'effet contraire*.
Dans le point avec effet naturel, vous attaquerez évidemment la bille n° 1 au centre, un procédé vers la droite, pour obtenir un effet naturel en frappant d'abord la bande, étant donné que vous voulez que la bille n° 1 frappe une deuxième fois la grande bande, après avoir heurté la bille n° 2, et avant d'aller vers la petite bande.
Dans le point avec effet contraire, vous attaquerez la bille n° 1 au centre, un procédé vers la gauche, pour obtenir l'effet renversé en frappant d'abord la grande bande, parce que vous voulez que la bille heurte la petite bande, après avoir frappé la bille n° 2, avant de revenir sur la grande bande pour toucher la bille n° 3.
Dans cette sorte de point, il faut de nouveau diviser les angles. Quand les billes n°s 1 et 2 sont parallèles à la bande latérale, touchez la bande sur le point bissecteur de l'angle exactement entre les billes.

* Ce genre de point est appelé en France, « Schaefer », du nom du célèbre joueur américain (N.D.T.).

GRAPHIQUE N° 63

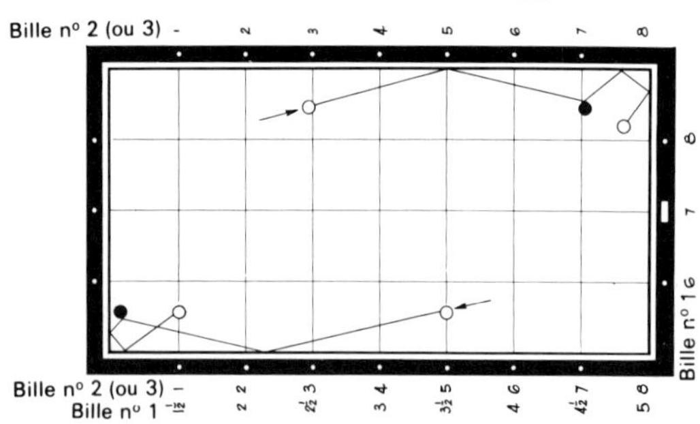

GRAPHIQUE N° 65

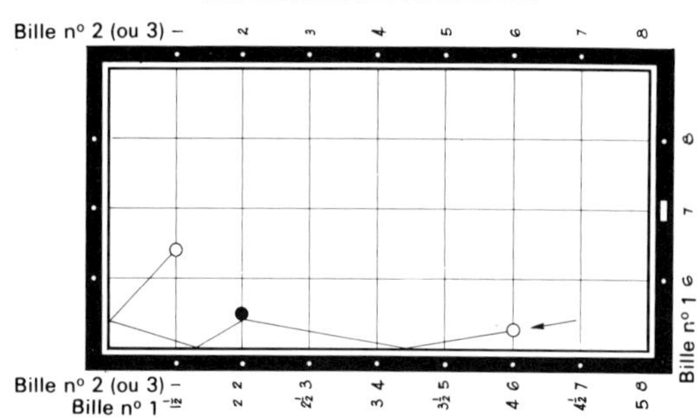

GRAPHIQUE N° 64

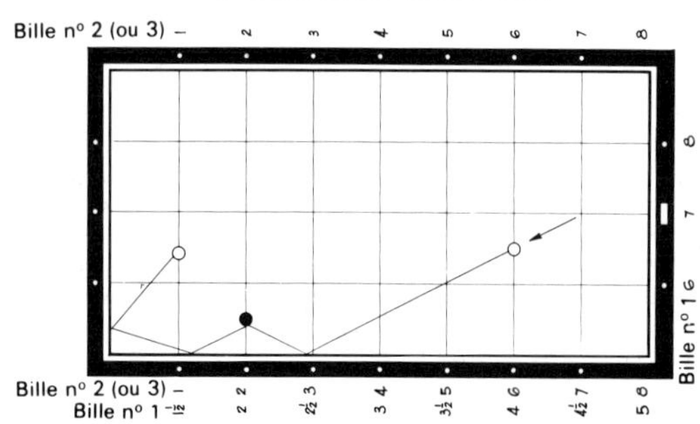

GRAPHIQUE N° 66

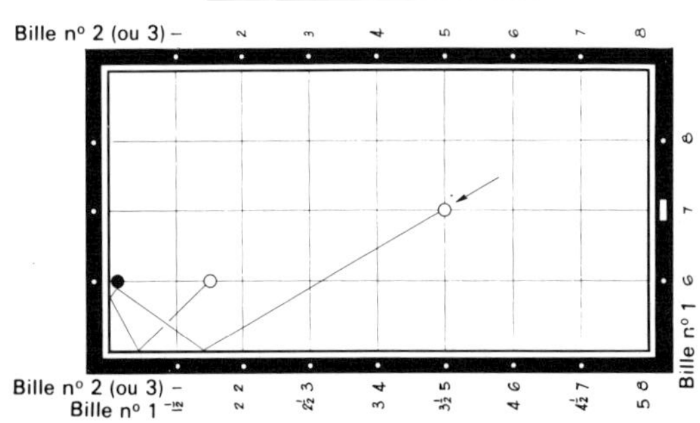

Regardez de nouveau les deux points figurés sur ce graphique pour mieux comprendre.
Si vous procédez de cette façon, vous devez faire le point.
Le graphique n° 64 montre le même genre de point que celui qu'il faut jouer avec un effet naturel sur le graphique n° 63, sauf que la bille n° 1 est plus éloignée de la grande bande que la bille n° 2.

Pour les points de bande-avant, dans lesquels les billes n°s 1 et 2 ne sont pas à la même distance de la bande, vous déterminerez votre point de contact sur la bande de la façon suivante : trouvez le point bissecteur comme précédemment. Mesurez sur la bande vers la bille la plus rapprochée une distance égale à celle qui sépare les deux billes de la bande. Par exemple, si la bille n° 2 est 5 cm plus près de la bande que la bille n° 1, mesurez à partir du point bissecteur 5 cm le long de la bande vers la bille n° 2. Vous aurez ainsi le point de contact de la bille sur la bande pour faire ce point. Voyez les graphiques n°s 64, 65, 66 et 67 qui décrivent le même point que celui du graphique n° 63, sauf que les billes sont à des distances différentes de la bande. Dans tous ces coups, le point de contact avec la bande est déterminé par la méthode que je viens de vous expliquer. Si vous jouez ces points en vous conformant aux méthodes précédentes vous les réussirez.

GRAPHIQUE N° 67

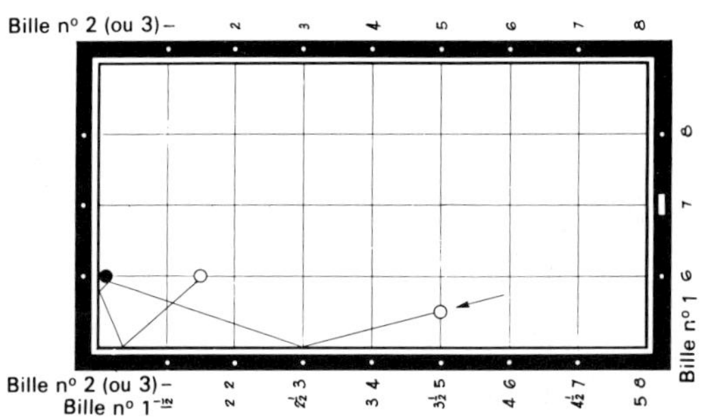

GRAPHIQUE N° 69

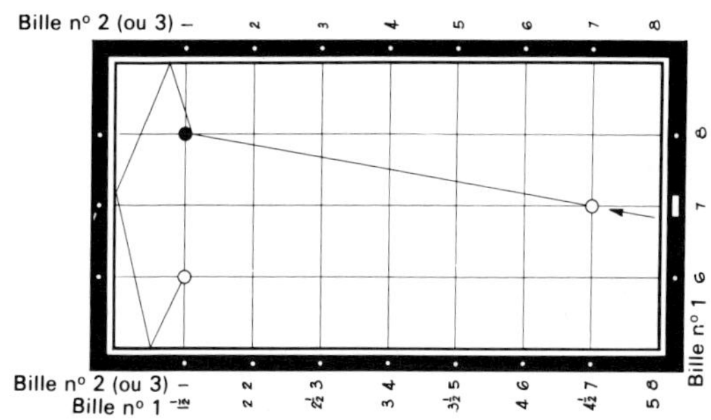

GRAPHIQUE N° 68

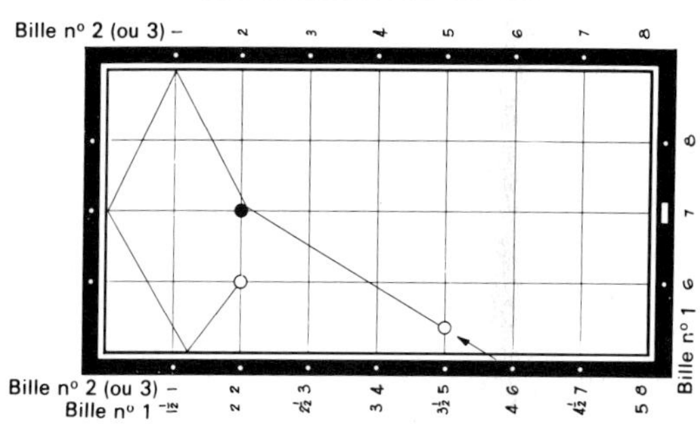

GRAPHIQUE N° 70

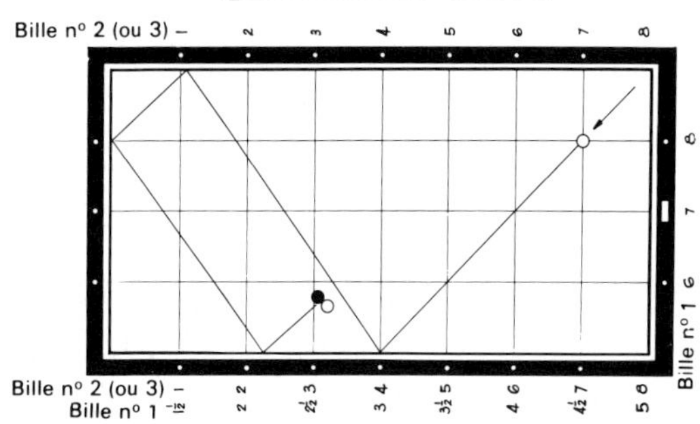

Le point montré sur le graphique n° 68 est un point d'angle faible, la bille n° 1 se trouvant à l'autre extrémité du billard par rapport aux billes n°s 2 et 3. On joue ce point en attaquant la bille n° 1 en plein centre, mais néanmoins très légèrement au-dessus, et en jouant un tiers de bille n° 2 à droite. Ce point est souvent manqué parce que les joueurs y mettent de l'effet. La bille n° 1 prend une direction naturelle après son contact avec la bille n° 2. Le fameux point de bille amortie, lorsque la bille n° 1 se trouve à l'extrémité opposée de la table, est illustré par le graphique n° 69. Le fait de réussir régulièrement ce point m'a aidé à gagner 20 parties de suite et le championnat du monde de trois-bandes en 1940. Bien qu'il semble difficile, ce point est facile à réussir s'il est bien joué. Attaquez la bille n° 1 légèrement au-dessous du centre, en tenant la queue parallèlement au tapis, et frappez la bille n° 2 demi-plein à droite.

Le graphique n° 70 décrit un bande-avant avec effet contraire (que j'ai joué aussi lors d'une exhibition dans un film pour la Metro Goldwin Mayer) dans lequel il faut attaquer la bille n° 1 au centre à gauche. J'exécute ce point sur la photographie n° 34. Le ruban déroulé sur le tapis décrit le parcours de la bille n° 1, qui est également dessiné sur le graphique n° 70.

34

34. Exécution d'un bande-avant par quatre bandes, avec effet renversé. Tenez la queue parallèlement au tapis. Frappez la bande, comme indiqué sur le graphique. Attaquez la bille n° 1 au centre avec de l'effet à gauche. Prendre 15 cm de flèche. Donnez un coup de queue moyen.

LES MASSÉS

Le massé est le plus difficile de tous les coups. Il ne faut jamais tenter de le faire avant d'être devenu un joueur expérimenté dans tous les autres modes de jeu, et avant d'avoir bien assimilé et mis à exécution tous les principes fondamentaux, surtout le coup de queue. On ne peut pas mettre un débutant en présence d'un massé. En résumé, le massé représente la dernière phase du jeu de billard.

Pour faire un massé ordinaire, comme dans le coup n° 1 du graphique n° 71, tenez la queue à un angle de 72 degrés ou légèrement inclinée par rapport à la perpendiculaire. Attaquez la bille n° 1 avec un effet maximal à droite sous le centre. La meilleure façon de déterminer l'endroit où il faut toucher la bille n° 1 est d'appuyer la queue sur la table, l'alignement des bords intérieurs des billes nos 1 et 2, comme dans le coup n° 1, puis de soulever la queue en conservant exactement le même angle. Vous serez ainsi en bonne position pour frapper le « point de moindre résistance », soit le bord extrême de la bille n° 2. Si vous ne touchez pas la bille n° 2 fin, vous ne pourrez pas garder les billes ensemble.

Le procédé ne doit jamais déborder de la bille n° 1, car vous feriez une fausse queue, et la bille doit toujours être attaquée au-dessous du centre, comme indiqué dans le coup n° 7. Ce dessin montre l'endroit exact où il faut frapper la bille n° 1 pour tous les massés, et cela repose sur la verticalité de la queue. 90 % des massés s'effectuent avec une verticalité de la queue d'environ 78 degrés.

N'attaquez pas la bille n° 1 trop fort, car elle n'aurait pas le temps de décrire sa courbe. Ne donnez pas non plus un coup de queue trop lent. Ni l'un ni l'autre ne sont efficaces. Il faut se servir du poignet pour obtenir la vivacité pour réussir un massé.

Pour jouer le massé figuré par le coup n° 2, procédez comme pour le coup n° 1, sauf que la queue doit être moins verticale, la courbe étant plus aiguë. Dans ce cas, la queue est presque verticale, mais, néanmoins, ne doit jamais l'être totalement. N'oubliez pas de donner à la bille n° 1 la possibilité de prendre la courbe en ne frappant pas trop fort. Donnez un coup de queue moyen, net et vif.

Dans le coup n° 3, la queue doit former un angle de 45 degrés pour vous permettre d'exécuter ce piqué. Attaquez la bille n° 1 sans effet et au-dessous du centre, comme sur le dessin mais pas trop bas. Donnez un coup de queue rapide mais pas trop fort.

Pour tous les massés, il faut tenir la queue de la main droite avec l'index et le pouce. Voyez la façon correcte de tenir la queue pour exécuter les massés sur la photographie n° 20 du chapitre : « Comment faire les différents chevalets ».

Le massé figuré par le point n° 4 est incertain et difficile. La seule façon de le réussir est de viser légèrement à côté de la ligne qui relie la bille n° 1 à la bille n° 2 et de rectifier la courbe d'environ 5 cm à partir du bord de la bille n° 1, lorsqu'elle est située à 20 ou 25 cm de la bille n° 2. La position de la queue est indiquée sur le graphique. Le point n° 5 est le même que le point n° 4.

Apprenez à choisir le côté vers lequel vous voulez que la bille n° 1 se dirige pour tous les massés.

Dans le coup n° 6, je montre l'endroit exact où il faut attaquer la bille n° 1 pour les massés. Imaginez une ligne allant du bord rapproché de la bille n° 1 à celui de la bille n° 2. Puis tracez, à travers la bille n° 1, une ligne perpendiculaire à la première, comme sur le graphique. Puis divisez la bille en quatre, comme sur le graphique, ce qui vous indiquera le quart de bille dans lequel la queue doit frapper. Remarquez que, dans le point représenté, la queue attaque la bille juste au-dessous du centre et à droite.

Le coup n° 7, où les billes n°s 2 et 3 sont collées et où les trois billes sont en ligne, est un point difficile. Il se joue en massant dans le vide et en y revenant par une courbe serrée sur les billes n°s 2 et 3. Il faut mettre de l'effet à droite et tenir la queue presque verticalement. Remarquez la direction de la queue. Il faut faire un chevalet à main levée pour cette sorte de point.

Un chevalet à main levée signifie que la main formant le chevalet ne touche pas la table. Voir la photographie n° 21 qui se trouve aussi dans le chapitre intitulé : « Comment faire les différents chevalets ». Regardez ensuite la photographie n° 35. Remarquez que la main formant chevalet se trouve à 20 cm environ de la bille n° 1. Cette photographie montre la queue au moment de son rétro maximal. Le bras — appuyé contre le corps — et la main formant chevalet sont verticaux par rapport au corps et horizontaux par rapport au billard, coïncidant avec les conditions d'élévation de la queue requises pour ce genre de points.

Il est important que vous appreniez à régler l'élévation de la queue en fonction de la distance que vous voulez voir effectuer par la bille n° 1. Plus vous voulez que la bille n° 1 aille loin, moins vous soulevez le talon de la queue, accroissant en même temps la force ou la vitesse de votre coup de queue.

N'oubliez pas qu'il faut être un joueur expérimenté dans tous les autres modes de jeu au billard avant de se laisser tenter par l'art du massé.

GRAPHIQUE N° 71

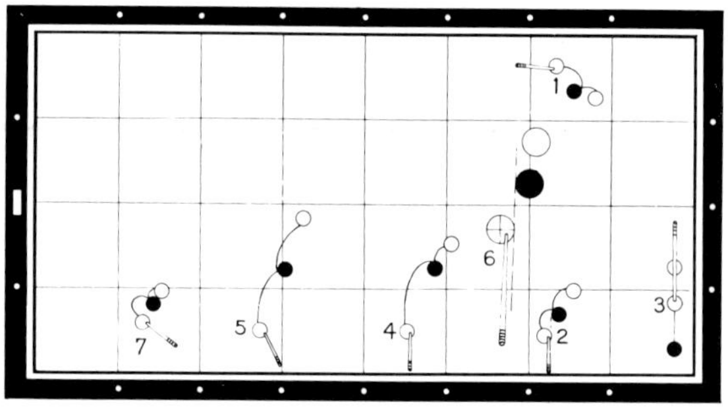

35

35. Observez la distance entre la main formant chevalet et la bille n° 1. Position correcte pour le massé à main levée.

LES POINTS DIFFICILES

Je vous présente sept points difficiles que l'on rencontre souvent en jouant. Il faut les assimiler. Cependant, n'essayez pas de les exécuter avant d'être devenu un joueur accompli.

Pour jouer le point n° 1 du graphique n° 72, qui est un rétro-fouetté difficile, il faut, lorsque la bille n° 1 n'est qu'à 6 mm de la bille n° 2, attaquer la bille n° 1 demi-bas et allonger votre coup de queue d'une façon rapide et appuyée.

Pour jouer le coup n° 2, qui est un coulé-fouetté, il faut, lorsque la bille n° 1 est à 6 mm de la bille n° 2, attaquer la bille n° 1 à droite en coulant et donner un coup de queue allongé, rapide et appuyé.

Pour faire le piqué de billes collées, illustré par le coup n° 3, mettez de l'effet à gauche, juste au-dessous du centre, et frappez la bille n° 2 plein. La rotation extrême provoquée par l'effet retiendra la bille n° 2 suffisamment loin de la bande pour laisser la bille n° 3 revenir directement sur la bille n° 1, comme l'indique la ligne pointillée.

Pour jouer le massé en force, illustré par le point n° 4, visez directement la bille n° 3, sans effet, et inclinez la queue, comme indiqué sur le graphique, presque à 90 degrés, ce qui forcera la bille n° 1 contre la bille n° 3. La bille n° 3 partira à gauche.

Pour faire le coulé-contre illustré par le coup n° 5, frappez la bille n° 1 plein, avec effet en tête à gauche, ce qui l'obligera à longer la bande et à rencontrer la bille n° 3 à son retour de la petite bande, comme l'indique la ligne pointillée.

GRAPHIQUE N° 72

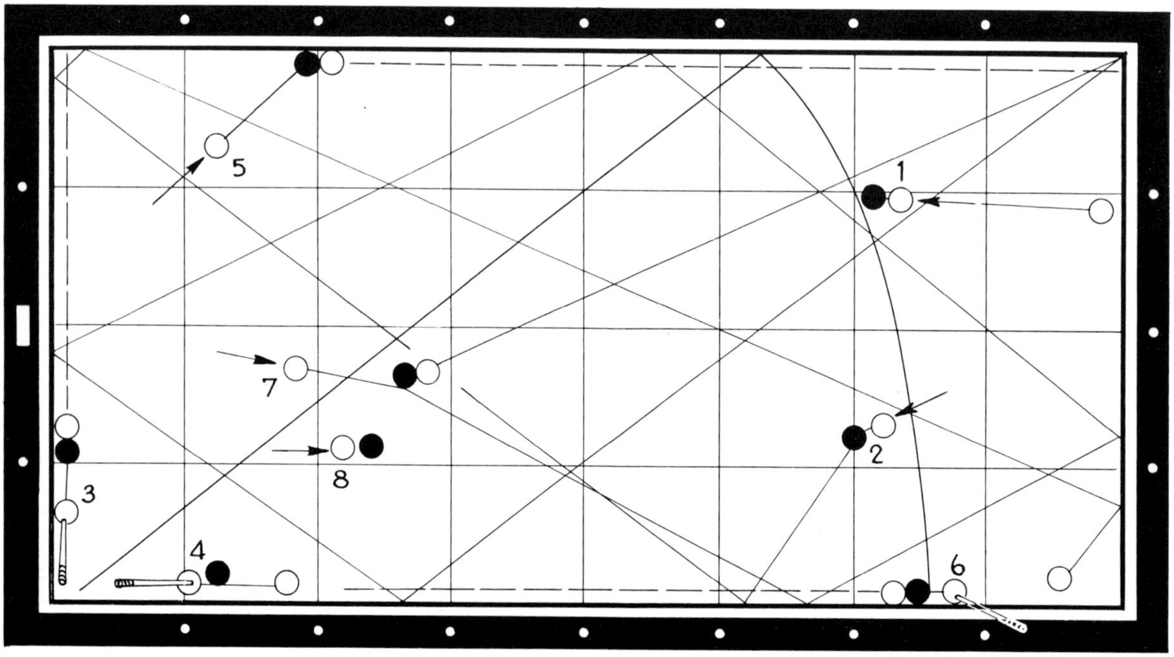

Le coup n° 6 est un massé-rencontre. Mettez de l'effet à gauche, inclinez la queue à environ 45 degrés, pour rencontrer la bille blanche dans le coin, comme indiqué sur l'illustration par la ligne continue de la bille n° 3.
Pour jouer le point n° 7, où les billes n°s 2 et 3 sont collées, attaquez la bille n° 1 avec de l'effet à gauche, légèrement au-dessus du centre pour rencontrer la bille blanche dans le coin. C'est un « truc » très pratique dans certains cas. La façon de placer les billes, comme sur le dessin, constitue la moitié du secret de ce coup, comme dans la plupart des points « fantaisie ».
Le coup n° 8, ou point de la rotation sur place, est également un point « fantaisie ». Il faut le jouer exactement de la même façon que le premier rétro-fouetté, sauf qu'il faut attaquer la bille n° 1 un peu plus haut. Placez les billes à 6 mm l'une de l'autre. La bille n° 1 s'arrête à l'endroit exact où se trouvaient les billes n°s 2 et 3 et tourne comme une toupie.
En parlant de « trucs », je me souviens d'un incident amusant qui se déroula sur la côte Pacifique.
Après avoir fait ma démonstration habituelle dans un club, j'annonçai que j'allais jouer une douzaine de massés « fantaisie ».
Le directeur du club se précipita vers moi et me dit, d'un ton surexcité mais poli, et tout en s'excusant :
« Je suis navré, monsieur Hoppe, mais je crains que vous ne deviez limiter vos massés "fantaisie" au nombre de dix. Il n'y a que dix billards dans la salle. »
Je restai un instant interdit, ne comprenant pas ce qu'il voulait me dire. Mais un membre du club se pencha vers moi et m'éclaira :
« Le dernier grand joueur qui s'était présenté avait fait un bel accroc de 30 cm dans les deux sens en exécutant son unique massé "fantaisie". »

Francis Connesson.

Je voudrais, dans ce chapitre, faire remarquer l'application de la science essentielle du billard, par rapport à l'art du jeu. Il faudrait comprendre cela avant de vous pencher sur les conseils suivants concernant le Diamond System, ce que vous ne manquerez pas de faire par la suite.
Par exemple, pourquoi le parcours de la bille n° 2 est-il toujours rectiligne, alors que celui de la bille n° 1 est souvent courbe ? Pourquoi les discussions concernant les conséquences d'un jeu dans le sens du tapis (tissu) sont-elles si importantes ? Pourquoi un point est-il plus facile à réussir quand la bille n° 2 est près d'une bande ?
J'espère que vous retiendrez quelques suggestions intéressantes et, si possible, valables dans les faits suivants.

POURQUOI L'EFFET FAIT-IL DÉCRIRE UNE COURBE A LA BILLE?

La courbe du parcours d'une bille frappée avec de l'effet est due au frottement du petit cercle sur lequel la bille tourne et du tapis. La bille en rotation, à cause de sa forme et de la pression qu'elle exerce sur l'étoffe douce, glisse sur une petite surface circulaire. La raison de la courbe, dans ces conditions, est que le bord de la bille qui avance (et qui se trouve en contact avec le tapis) subit un frottement plus important que le bord de la bille qui se déplace dans la direction opposée au parcours de la bille ; en conséquence, le premier mouvement est quelque peu ralenti. Le résultat est que la bille tourne obligatoirement dans cette direction.

INFLUENCE DU POIL DU TAPIS

Sur de nombreux tapis, on constate une différence de courbe suivant que l'on joue dans le sens du drap (du poil) ou à rebrousse-poil. Le frottement est légèrement plus important quand on joue à rebrousse-poil, mais cela ne peut entraîner qu'une courbe légèrement plus accentuée dans la même direction que dans le cas où la bille roule dans le sens du poil.

ROULEMENTS LONGS ET COURTS

Un roulement « court », en langage technique de billard, signifie que la bille n° 1 roule ou décrit une courbe vers la grande bande à cause du poil du billard.
Un roulement « long », dans le même langage, signifie que la bille n° 1 roule ou décrit une légère courbe en s'éloignant de la grande bande.
Le poil du tapis va du haut du billard vers le bas. (Le haut du billard représente l'endroit où se trouve la bille rouge, et le bas, celui où se trouvent les deux billes blanches lors du point de départ.) Les roulements courts sont évidents lorsque la bille va vers le bas du billard, et les roulements longs se produisent le plus souvent quand la bille roule vers le haut du billard.

Vous comprendrez désormais les expressions courantes « jouer un coup long » ou « jouer un coup court », qui signifient que le joueur veut s'écarter soit de la petite bande, soit de la grande bande, respectivement pour aller sur la bille n° 3, ou directement sur celle-ci, en faisant rouler la bille n° 1 vers la grande bande ou en l'en écartant.

ATTAQUE DE LA BILLE AU-DESSOUS DU CENTRE POUR LES POINTS A DISTANCE

A la partie libre ou au cadre, quand les billes nos 2 et 3 sont éloignées de la bille n° 1 — autrement dit, pour ce qui s'appelle un point à distance — attaquez la bille n° 1 légèrement au-dessous du centre avec un coup de queue rapide et vif, mais pas trop appuyé. En jouant de cette façon, vous éviterez que la bille n° 1 ne s'écarte en la touchant relativement fort, et vous acquerrez le contrôle absolu des billes nos 2 et 3.
Autrement dit, le coulé le plus « discuté » se joue en attaquant la bille n° 1 au-dessous du centre. Vous jouerez souvent ce point en une seule partie, quand vous aurez atteint un niveau supérieur.
Vous pouvez donner un coup de queue relativement appuyé. Bien entendu, la bille roulera vite jusqu'à ce que l'effet de rotation se perde en arrière ; puis elle roulera lentement en retrouvant son mouvement naturel en avant.
Si vous coulez rapidement pour jouer ce point, vous n'avez aucun contrôle sur les billes nos 2 et 3 (quant à la position dans laquelle elles s'arrêteront) et beaucoup moins de précision avec votre bille.
Donnez juste assez de vitesse pour faire le point. Vous « sentirez » ce genre de mesure en vous entraînant. Ne jouez le point de cette façon que lorsque la bille n° 1 est suffisamment éloignée de la bille n° 2 (au moins deux losanges et demi) ; jamais lorsque vous avez affaire à un coup de demi-distance. Surtout ne donnez pas un coup de queue trop appuyé. Entraînez-vous en plaçant les billes à des distances différentes et vous en tirerez un enseignement profitable qui vous permettra de faire des progrès.

GLISSEMENT

Le glissement signifie que la bille n° 1 glisse sur le tapis jusqu'à ce que le frottement du poil l'oblige à reprendre la rotation qu'elle a reçue, un roulement naturel. Il faut connaître ce phénomène, mais vous n'avez pas à vous en soucier.
Le glissement est évident dans tous les points et ne peut être évité. Cependant, il est bien connu qu'il agit lorsque les coups de queue sont appuyés. Plus le coup de queue est appuyé, plus le glissement est important. De plus, le glissement est plus prononcé sur un tapis neuf.

EFFET MAXIMAL

J'ai parlé de l'effet maximal dans un chapitre intitulé : « Utilisation de l'effet ». Il est sage de vous souvenir de ce détail avant de commencer à étudier le Diamond System.

Si vous donnez le maximum d'effet à la bille n° 1 placée au centre du billard, et si vous visez le losange central de la petite bande, la bille n° 1 reviendra contre le losange central de la grande bande. C'est l'exemple d'effet maximal.

Fondez-vous sur ce principe en faisant aller votre bille n° 1 de losange en losange quand vous appliquerez le Diamond System. Cependant, chaque fois que c'est possible, il vaut mieux éviter les extrêmes. La connaissance de ce phénomène vous aidera beaucoup quand vous appliquerez le Diamond System, qui suit ce chapitre.

RAPIDITÉ DU COUP DE QUEUE ET VITESSE DE LA BILLE

Il est évident que la rapidité du coup de queue et le contrôle des billes ont des conséquences importantes sur tous les points que vous jouez, spécialement quand vous mettez de l'effet, et quand vous appliquez le Diamond System. C'est pourquoi je vous conseille de relire le chapitre intitulé : « Vitesse et puissance », de vous attacher surtout aux explications concernant l'utilisation de la vitesse pour allonger ou raccourcir les angles et de bien les comprendre. Revoyez aussi le rapport des angles, au contraire, dépendant de l'accélération ou du ralentissement de la bille n° 1.

Après avoir révisé cette leçon, vous pourrez aborder le Diamond System.

Coup d'une bande dans le tiers du billard. A la partie libre ou au cadre, il faudrait jouer d'abord la rouge, qui se serait « rappelée » par rétro.

LE DIAMOND SYSTEM TROIS-BANDES

Ma description du Diamond System n'est pas un travail de bureau ; je l'ai écrite, pour ainsi dire, sur le billard, avec la queue aussi bien qu'avec la plume. La théorie, dans bien des cas, a été vérifiée non seulement par démonstration expérimentale, mais aussi au cours de championnats, et l'observation a conduit à l'explication.
Heureusement, il est possible, sans faire une analyse mathématique approfondie, de donner une explication simple et intelligible de ce système largement diffusé, et très recherché, qui vous permettra de faire des progrès au trois-bandes. Telle est ma tentative.
Le Diamond System améliorera votre jeu en éliminant les estimations hasardeuses. Apprenez soigneusement ces leçons et soyez particulièrement attentif aux diagrammes qui les illustrent. En étudiant le Diamond System, vous transformerez la défaite en victoire.
Pour obtenir des résultats positifs, vous devez utiliser un effet naturel, attaquer la bille au centre avec un coup de queue moyen pour tous les points que vous jouerez en appliquant le Système.

POURQUOI LES LOSANGES SONT SUR LES BANDES

Les losanges (« diamonds », d'où le nom du Système) sont des petits points de nacre incrustés sur le dessus des bandes. Ce ne sont pas, comme le croient certaines personnes, des ornements placés là pour donner un aspect décoratif au billard. Ils sont là pour servir rigoureusement de guide aux joueurs et leur permettre de déterminer les angles corrects. Une table de billard est deux fois plus longue que large. La grande bande est divisée en huit parties et la petite en quatre. Ces sections sont séparées par des losanges, qui sont numérotés, dans le Diamond System, de façon différente, suivant qu'il s'agit de la bille n° 1 ou des billes n°s 2 et 3.
Les chiffres les plus près de la grande bande (troisième bande) correspondent aux billes n°s 2 et 3 (voir graphique n° 73). Les losanges sont numérotés de 1 à 7 (le coin du bas étant 8). A ces mêmes losanges correspondent, pour la bille n° 1, les nombres 1 1/2, 2, 2 1/2, 3, 3 1/2, 4, 4 1/2 et 5 (5 étant le coin) ; 6, 7 et 8 correspondent aux losanges de la bande du bas.

De plus, les chiffres correspondant aux billes n°s 2 et 3 sur la grande bande du haut (première bande) vont également de 1 à 7 (8 étant le coin). Regardez de nouveau le graphique. Le coin de la petite bande du bas à droite (quatrième bande) est 2. Le losange suivant vaut 3, et le losange n° 4 est au centre.

Ensuite, depuis le losange n° 4 jusqu'à la grande bande (troisième), il y a deux fois plus de chiffres correspondant aux billes n°s 2 et 3 parce que la table est deux fois plus longue que large. Nous avons donc 5, 6 sur le losange, 7 et 8 dans le coin gauche.

DÉTERMINATION DES NUMÉROTAGES

Les losanges sont numérotés de la sorte, en comptant à partir de la première petite bande que touchera la bille n° 1.
La première chose à faire est d'apprendre ces numérotages par cœur. Comme je l'ai déjà dit, l'emplacement des numérotages correspondant aux billes

nos 2 et 3, et celui des numérotages correspondant à la bille n° 1, tels qu'ils sont indiqués sur le graphique n° 73 s'appliquent à un joueur placé sur la petite bande (quatrième bande).

Si le joueur contourne la table et se met à l'autre bout, l'emplacement des nombres est simplement inversé. Les numérotages les plus bas se trouvent toujours à l'opposé de l'endroit où vous vous tenez pour jouer. Apprenez ces numérotages en vous tenant à une extrémité du billard, puis contournez-le, et apprenez-les en vous tenant à l'autre extrémité. Ensuite, entraînez-vous à déterminer leur emplacement des deux côtés de la table, pour cela reportez-vous au graphique n° 73.
Il faut absolument vous souvenir de cette numérotation, car elle sera votre guide absolu pour appliquer le Système. Étudiez et apprenez par cœur les emplacements des numérotages correspondant à la bille n° 1 et aux billes nos 2 et 3, et les points de départ auxquels ils se rapportent.

LES LOSANGES CORRESPONDANTS

Le premier pas à faire, pour pouvoir vous servir du Diamond System au trois-bandes, est de connaître les losanges qui se relient entre eux. Les losanges correspondants vous permettent de déterminer vers quel losange une bille roulera, après avoir heurté un losange donné de l'autre côté de la table.

Vous pourriez constater par vous-même, en envoyant une bille contre une bande et autour de la table, que certains losanges se relient, mais, pour simplifier les choses, je vous établis la liste des correspondances de losanges que vous devez apprendre, je le répète, encore une fois, par cœur pour vous faciliter la tâche par la suite.
Le losange n° 1, sur la grande bande gauche (regardez de nouveau le graphique n° 73) va au losange n° 7 de l'autre côté de la table.

Le losange n° 2 va au coin extrême de l'autre côté de la table. Le losange n° 3 va au losange n° 3 sur la petite bande. Le losange n° 4 va au losange n° 4 (losange central de la petite bande). Le losange n° 5 va au point 5 de la petite bande. Le losange n° 6 va au losange n° 6 de la petite bande. Le losange n° 7 va au point 7 de la petite bande.

Par conséquent, si les billes nos 2 et 3 sont devant le losange n° 7 de la grande bande droite dans un point de trois-bandes, qu'il faut attaquer par la bande, vous savez qu'il faut caramboler la bille n° 1 à partir de la troisième bande contre le losange n° 1 sur la grande bande latérale gauche si la bille n° 1 doit aller vers les billes nos 2 et 3 ou devant le losange n° 7 de la bande droite. Si les billes nos 2 et 3 sont dans le coin inférieur droit, vous savez — à cause de la correspondance des losanges — que vous devez caramboler la bille n° 1 à partir de la troisième bande contre le losange n° 2 pour faire le point dans le coin.

Il faut apprendre par cœur les losanges correspondants parce que tout le principe du Diamond System repose sur les points de contact de la bille n° 1 lorsqu'elle va d'une bande à l'autre, contre les losanges correspondants. Étudiez les correspondances d'un losange à un autre avec le plus grand soin. Vous devez savoir de quel point il faut quitter la troisième bande pour faire le point.

QUAND FAUT-IL VISER LE LOSANGE LUI-MÊME, OU DANS SA DIRECTION, SUR LA BANDE?

Avant d'aller plus loin, je voudrais que vous compreniez bien quel est l'endroit précis où la bille n° 1 doit entrer en contact avec la bande, quand vous visez un point donné. De nombreux joueurs ont toujours eu beaucoup de mal (peut-être parce qu'ils sont mal informés) quand ils déterminent les angles, à savoir s'ils doivent viser directement suivant une ligne qui va jusqu'au losange au sommet de la bande ou s'ils doivent viser le point correspondant à la direction du losange sur le bord de la bande. A partir de maintenant, pour être clair, j'appellerai « losange » la ligne de visée qui va jusqu'au sommet de la bande. Le graphique n° 74 décrit bien l'endroit où la bille n° 1 doit heurter la bande. Vous visez « à travers » le losange, comme dans les coups D et C, et non pas la direction du losange sur la bande, comme dans le coup B.

Cette règle conserve sa valeur quand vous visez à partir de la petite bande ou du coin ; quand vous visez à partir d'une grande bande, vous heurtez la bande en un point directement en face du losange voulu, comme le montre le coup A sur le graphique n° 74.

Donc, quand vous jouez à partir d'une petite bande ou du coin, visez à travers le losange ; quand vous jouez à partir d'une grande bande, visez le losange lui-même.

GRAPHIQUE N° 73

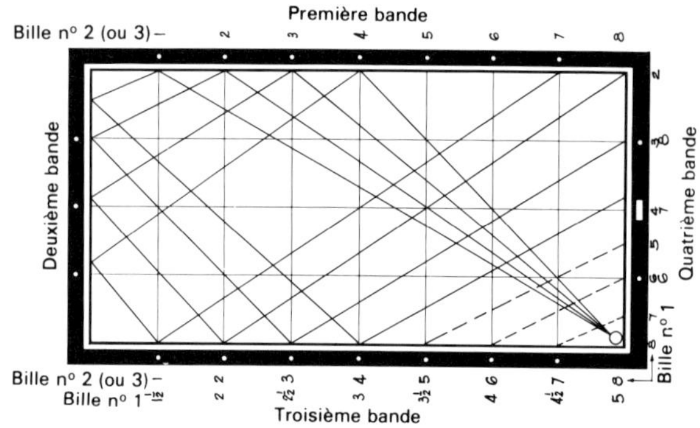

GRAPHIQUE N° 74

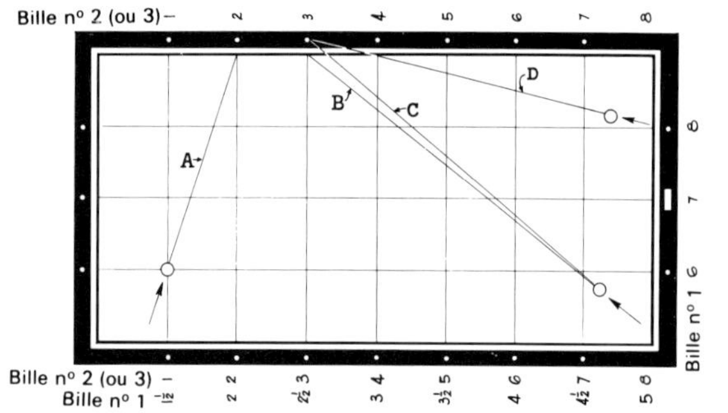

GRAPHIQUE N° 75

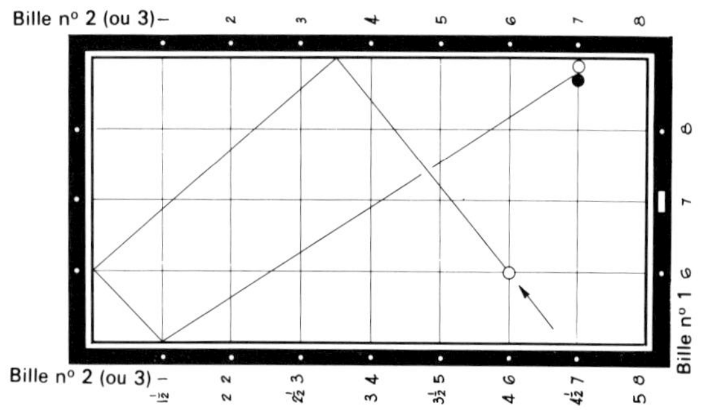

Vous remarquerez, dans le coup D, que pour viser le losange n° 3, vous heurtez la bande en face du losange n° 4 sur la bande.
Pour simplifier les choses, tous les graphiques qui suivent, et qui concernent le Diamond System, décrivent la bille n° 1 frappant en face de la bande.

BANDE-AVANT

Vous savez, par le système des losanges correspondants, qu'une bille que vous envoyez contre une bande puis autour de la table ira d'un losange donné sur un côté de la table vers un certain losange de l'autre côté. Par exemple, le losange n° 2 sur la bande gauche va au coin droit sur la petite bande. Le losange n° 1 sur la grande bande gauche va au losange n° 7 sur la bande droite du billard (regardez de nouveau le graphique n° 73). Connaissant la numérotation des losanges, et les losanges correspondants, vous êtes désormais prêt à jouer un simple point de trois-bandes par la bande selon le Diamond System (voir graphique n° 75). Vous constaterez que les billes nos 2 et 3 sont contre le losange n° 7 du côté droit de la table et que vous devez faire trois bandes avec la bille n° 1 avant de toucher les billes nos 2 et 3.

Étant donné que les billes nos 2 et 3 sont contre le losange n° 7 du côté droit de la table, vous savez que son losange correspondant sur la bande gauche est le n° 1. Après cette déduction, vous situez la bille n° 1 et vous voyez qu'elle est en 4 1/2. Votre prochaine opération consiste donc à déterminer vers quel point de la première bande (côté droit) la bille n° 1 doit être dirigée pour être renvoyée contre le losange n° 1 de la bande d'où vous jouez. Considérant que la bille n° 1 est en 4 1/2, et que les billes nos 2 et 3 correspondent au losange n° 1, vous soustrayez 1 de 4 1/2 et vous obtenez 3 1/2. Ce résultat vous indique que vous devez toucher le losange 3 1/2 sur la bande opposée. Vous pouvez vérifier que votre calcul est mathématiquement parfait en additionnant les nombres correspondant aux billes nos 2 et 3 sur les deux grandes bandes. Ce total doit toujours être égal au nombre correspondant à la position de départ de la bille n° 1. Le point représenté indique les nombres 1 et 3 1/2 pour les billes nos 2 et 3, ce qui fait un total de 4 1/2, ce qui est bien le numéro (la position) de la bille n° 1.
Dans les points de bande-avant, la bille n° 1 est à base de calcul ou l'objet d'une simple opération mathématique. En calculant le coup, vous devez d'abord déterminer la position des billes nos 2 et 3 et trouver le losange d'arrivée de l'autre côté de la table. Ensuite, vous voyez quel est le parcours de la bille n° 1. Quand vous l'avez trouvé, vous déduisez le numéro de la bille n° 2 (ou 3) contre le losange correspondant (1) du numéro du parcours de la bille n° 1 (4 1/2) pour trouver le point de contact (3 1/2) sur la première bande.
Il faudrait jouer ce point de la même façon si les billes nos 2 et 3 se trouvaient n'importe où, sur une ligne imaginaire entre le losange n° 1 sur la bande gauche allant au losange n° 7 sur la bande droite.
Il est important de vous rappeler que le Système est fondé sur le principe suivant : le total des points de contact (numérotation des billes nos 2 et 3) sur les deux grandes bandes est égal au nombre correspondant à la position de la bille n° 1. Prenez comme exemple (voir graphique n° 76) le losange n° 5 appliqué au Diamond System. Du « point de départ » (5), vous constaterez, en suivant chaque angle, que les

points de contact sur les deux grandes bandes font un total de 5.

Gravez ce principe dans votre esprit et vous maîtriserez facilement la méthode suivante de calcul des angles.

Représentez-vous d'abord l'emplacement des billes n°s 2 et 3 en repérant le losange ou l'endroit entre les losanges sur la deuxième grande bande que la bille n° 1 doit toucher de façon à marquer un point, puis déduisez le nombre représentant l'emplacement de la bille n° 2 du « point de départ », soit le numérotage de la bille n° 1, et le résultat vous indiquera le numéro du losange ou l'endroit entre les losanges où il faudra toucher la première grande bande. Pour vous entraîner à faire ce point, placez votre bille n° 1 dans le coin (5) et les billes n°s 2 et 3 sur une ligne de l'angle partant du troisième losange de la deuxième grande bande. Déduisez l'emplacement de la bille n° 2 du « point de départ », vous obtenez (2), ce qui vous indique qu'il faut toucher le losange n° 2 sur la première grande bande. Servez-vous du graphique n° 76 comme guide en lisant ou en mettant en pratique ces instructions.

Pour voir la reproduction d'un point de trois-bandes par un bande-avant similaire, regardez la photographie n° 36. J'ai placé ma bille n° 1 dans le coin (5) et les billes n°s 2 et 3 sur le parcours imaginaire d'un angle partant du deuxième losange sur la seconde grande bande. En déduisant l'emplacement de la bille n° 2 (2) du « point de départ » de la bille n° 1 (5),

36

36. Point de trois-bandes par bande-avant joué à partir du coin, position 5, en appliquant les calculs du Diamond System.

j'obtiens (3), numéro de losange que je dois toucher sur la première grande bande.
L'utilisation d'un ruban sur la photographie montre le parcours de la bille n° 1 se déroulant à partir de la position de la bille n° 1 dans le coin (5), atteignant le losange n° 3 sur la première grande bande, ensuite la petite bande, puis le losange n° 2 sur la deuxième grande bande, pour caramboler les billes nos 2 et 3.
Les nombres désignant « le point de départ » ou l'« emplacement » des billes peuvent être déterminés à n'importe quel endroit. Par exemple, si la bille n° 1 est placée exactement à mi-chemin entre (4 1/2) et (5), le numéro de son « point de départ » est (4 3/4). Si les billes nos 2 et 3 sont sur une ligne partant du milieu de l'intervalle entre le troisième et le quatrième losange de la deuxième grande bande, le numéro de l'« emplacement » des billes nos 2 et 3 sera (3 1/2). 4 3/4 moins 3 1/2 égale 1 1/4, soit l'endroit précis où il faut toucher la première grande bande.
Après avoir soigneusement calculé l'angle, concentrez votre attention sur le point exact de la première grande bande que vous devez toucher. Oubliez les billes nos 2 et 3. Les angles se feront d'eux-mêmes si vous attaquez tout à fait dans la bonne direction.

Les lignes tracées sur les graphiques accompagnant ce texte — de 76 à 87 compris — indiquent le parcours de la bille n° 1. En conséquence, il sera évident pour vous que, si la bille n° 1 est placée sur n'importe quel point de la ligne allant du « point de départ » à la première grande bande, et que, si les billes nos 2 et 3 sont placées n'importe où sur la même ligne à partir de la deuxième grande bande, le point sera automatiquement réussi, en touchant simplement l'endroit voulu de la première grande bande. La même chose est vraie pour n'importe quelle ligne imaginaire que vous tracerez, si vous l'imaginez correctement en fonction de la méthode utilisée dans ce Système.
Après vous être bien familiarisé avec les numéros du « point de départ » et la méthode de calcul de l'« emplacement » des billes nos 2 et 3, continuez à étudier le Système et à vous entraîner en observant les résultats des angles représentés sur les graphiques par les lignes tracées depuis la deuxième grande bande jusqu'aux points d'arrivée.
Le Diamond System est fondé sur des conditions de jeu de championnat du monde, d'après « 1845 » bandes. Vous obtiendrez des résultats précis en tenant compte de conditions différentes. Vous apprendrez rapidement les déductions à faire en observant attentivement les résultats obtenus en jouant quelques points. Entraînez-vous soigneusement à jouer les points correspondant à chacune des douze positions de la bille n° 1, illustrées sur les graphiques nos 75 à 87. Je vous conseille d'apprendre parfaitement une position du Système avant de passer à une autre.

INSTINCT

Dans ce paragraphe, je vais tenter de vous expliquer comment jouer le Diamond System par instinct ou par déduction mathématique. Plusieurs des plus grands joueurs de billard jouent par « instinct », mais ils connaissent les mathématiques du jeu de trois-bandes. Il est peut-être plus juste de dire qu'ils jouent « mathématiquement par instinct ».
Le graphique n° 88 montre un point simple de trois-bandes. N'importe quel joueur de trois-bandes sait que, s'il frappe la bille n° 2 à gauche avec la bille n° 1, la bille n° 1 touchera les bandes 1, 2 et 3, puis se

GRAPHIQUE N° 76

Diamond System (5).

Les chiffres sur les deux grandes bandes totalisent 5. Attaquez le centre de la bille n° 1 en mettant le maximum d'effet et en tenant la queue parallèle au tapis. Le maximum d'effet s'obtient en frappant le plus possible la bille sur le côté au niveau du centre.

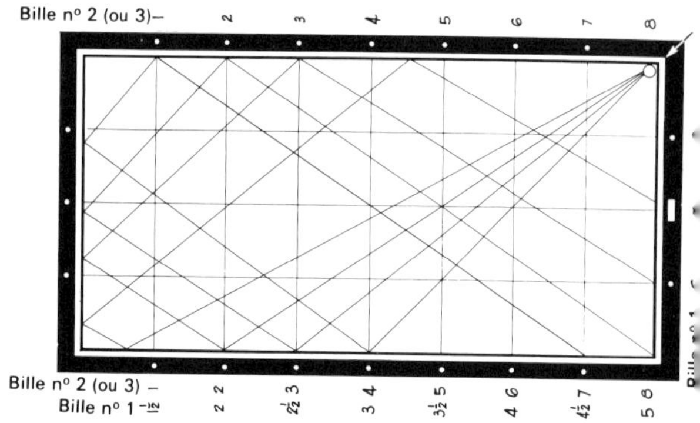

GRAPHIQUE N° 77

Diamond System (1 1/2).

Les chiffres sur les deux grandes bandes totalisent 1 1/2. Attaquez le centre de la bille n° 1 en mettant le maximum d'effet et en tenant la queue parallèle au tapis.

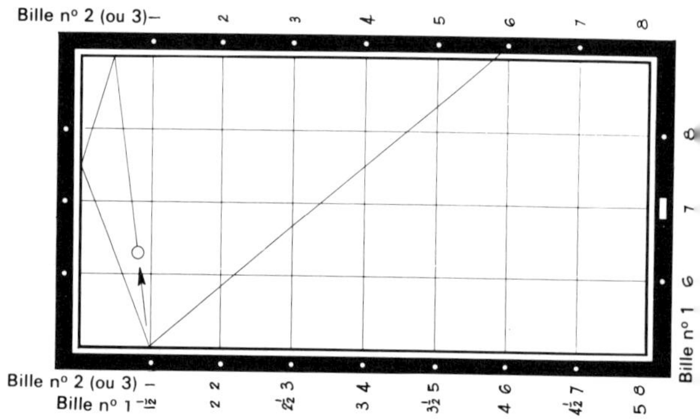

GRAPHIQUE N° 78

Diamond System (2).

Les chiffres sur les deux grandes bandes totalisent 2. Attaquez le centre de la bille n° 1 en mettant le maximum d'effet et en tenant la queue parallèle au tapis.

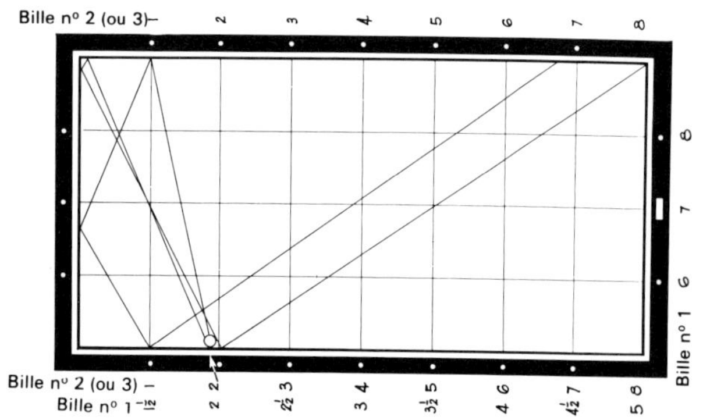

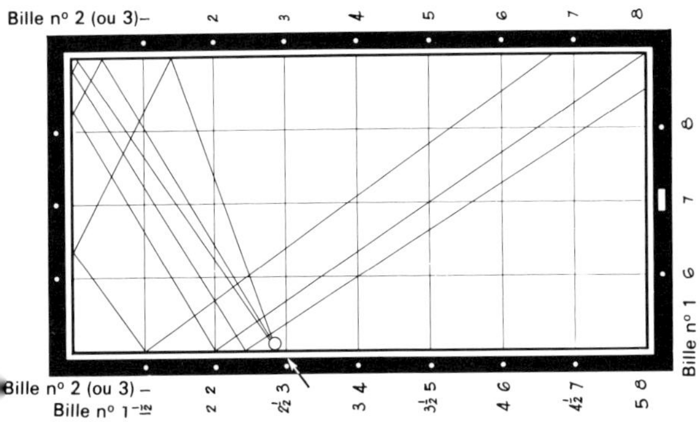

GRAPHIQUE N° 79

Diamond System (2 1/2).
Les chiffres sur les deux grandes bandes totalisent 2 1/2. Attaquez le centre de la bille n° 1 en mettant le maximum d'effet et en tenant la queue parallèle au tapis.

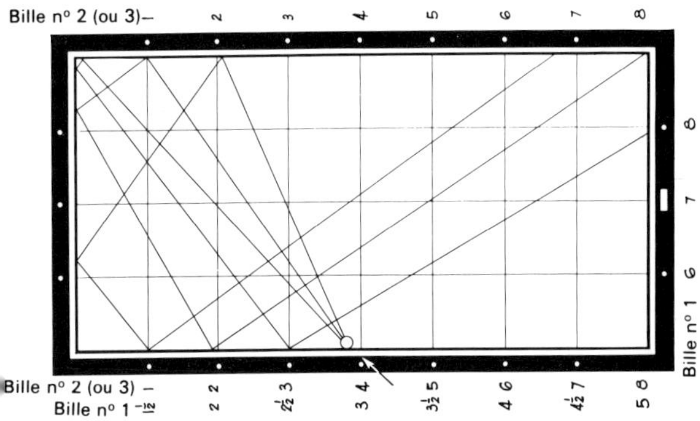

GRAPHIQUE N° 80

Diamond System (3).
Les chiffres sur les deux grandes bandes totalisent 3 1/2. Attaquez le centre de la bille n° 1 en mettant le maximum d'effet et en tenant la queue parallèle au tapis.

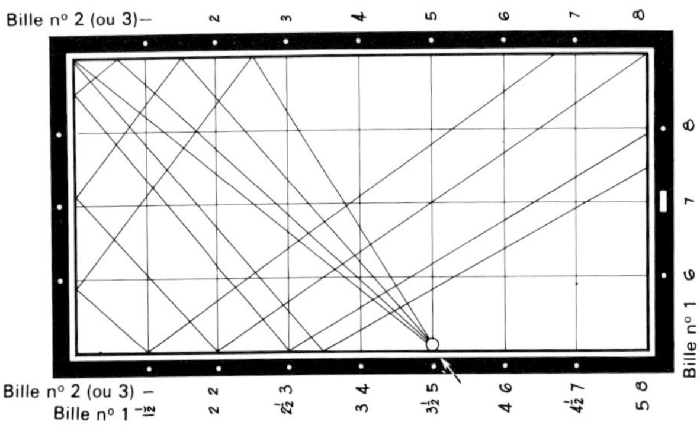

GRAPHIQUE N° 81

Diamond System (3 1/2).
Les chiffres sur les deux grandes bandes totalisent 3 1/2. Attaquez le centre de la bille n° 1 en mettant le maximum d'effet et en tenant la queue parallèle au tapis.

GRAPHIQUE N° 8 2

Diamond System (4).

Les chiffres sur les deux grandes bandes totalisent 4. Attaquez le centre de la bille n° 1 en mettant le maximum d'effet et en tenant la queue parallèle au tapis.

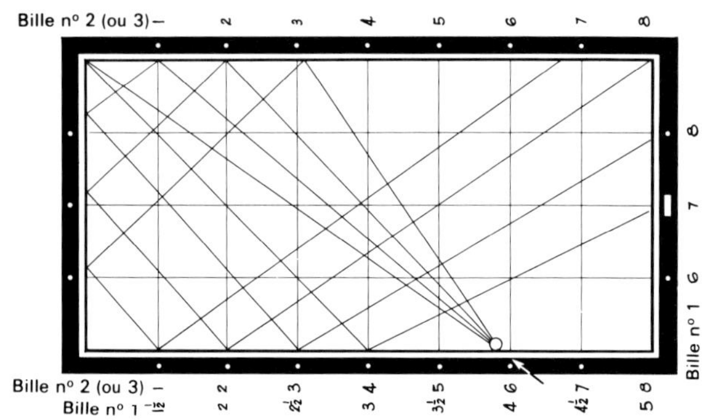

GRAPHIQUE N° 8 3

Diamond System (4 1/2).

Les chiffres sur les deux grandes bandes totalisent 4 1/2. Attaquez le centre de la bille n° 1 en mettant le maximum d'effet et en tenant la queue parallèle au tapis.

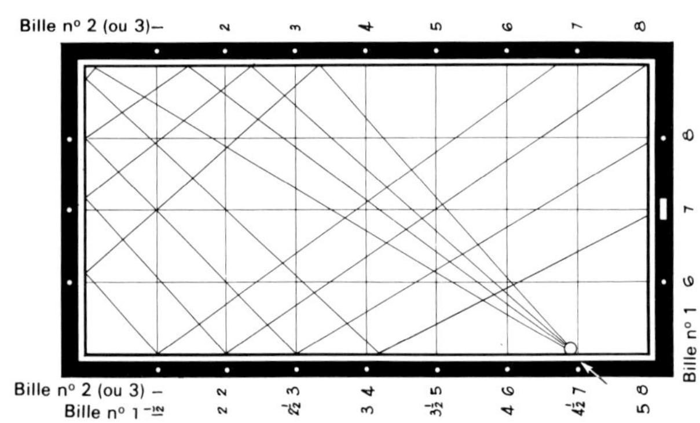

GRAPHIQUE N° 8 4

Diamond System (5 1/2).

Mouche où se trouve la bille rouge lors du point de départ. Les chiffres sur les deux grandes bandes totalisent 5 1/2. Attaquez le centre de la bille n° 1 en mettant le maximum d'effet et en tenant la queue parallèle au tapis.

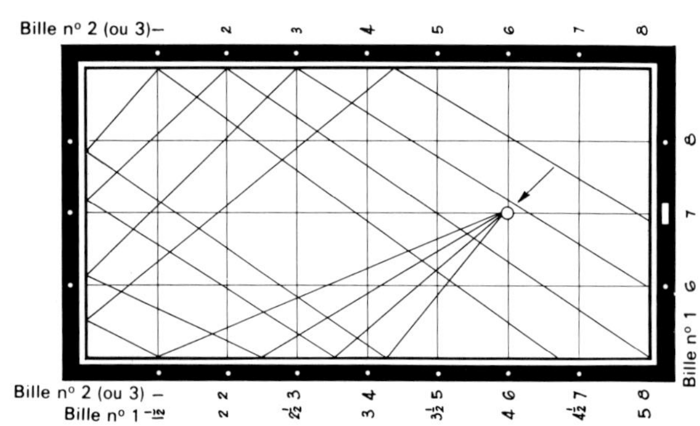

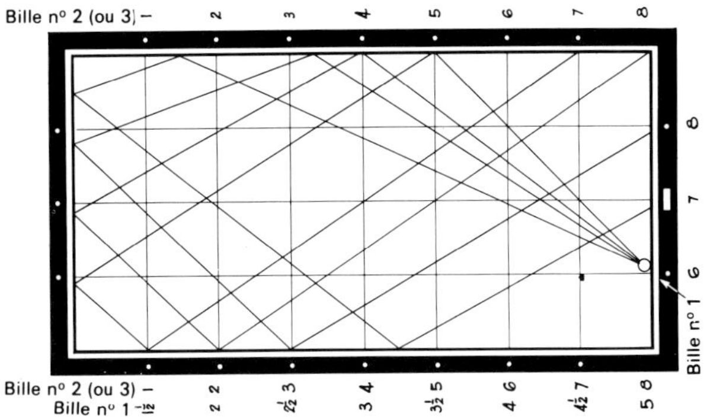

GRAPHIQUE N° 85

Diamond System (6).

Les chiffres sur les deux grandes bandes totalisent 6. Attaquez le centre de la bille n° 1 en mettant le maximum d'effet et en tenant la queue parallèle au tapis.

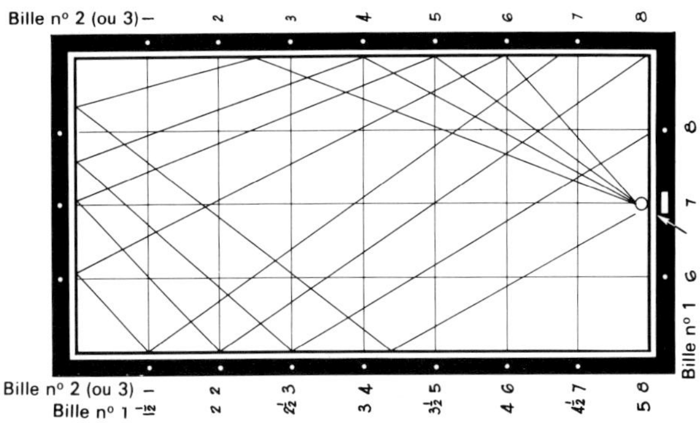

GRAPHIQUE N° 86

Diamond System (7).

Les chiffres sur les deux grandes bandes totalisent 7. Attaquez le centre de la bille n° 1 en mettant le maximum d'effet et en tenant la queue parallèle au tapis.

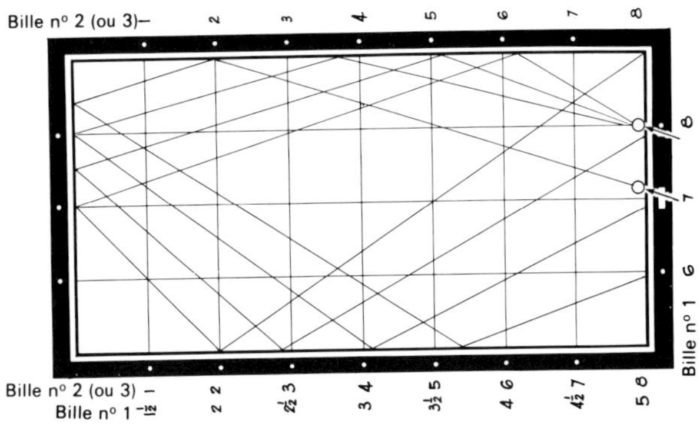

GRAPHIQUE N° 87

Diamond System (8).

Les chiffres sur les deux grandes bandes totalisent 8. Attaquez le centre de la bille n° 1 en mettant le maximum d'effet et en tenant la queue parallèle au tapis.

dirigera dans la direction de la bille n° 3 et fera probablement le point. Un joueur a conscience de ce fait par instinct ou par simple observation.
Un joueur de trois-bandes exercé sait aussi cela, mais il a recours aux mathématiques pour éliminer le hasard (voir de nouveau le graphique n° 88). Il fait comme si la bille n° 2 était l'objet de son calcul. Il attaque donc dans la direction 4 1/2 de la bille n° 1. Il sait que sa bille n° 1 doit toucher la troisième bande au losange n° 2 de façon à se diriger vers le coin, où se trouve la bille n° 3.
Étant donné que la bille n° 2 est dans la direction 4 1/2 et qu'il doit toucher le losange n° 2 de la troisième bande, il sait que son carambolage à partir de la bille n° 2 doit le conduire au losange 2 1/2 de la première bande, parce que 2 1/2 ôté de 4 1/2 égale 2, soit le losange à déterminer sur la troisième bande. Comme preuve supplémentaire, le total des deux losanges qu'il doit toucher sur les grandes bandes est 4 1/2 (2 1/2 plus 2) et la direction de la bille n° 1 est effectivement 4 1/2.
S'il joue le point correctement, en utilisant ces calculs — à condition que la bille n° 2 soit bien touchée — il réussira le point. Par conséquent, les mathématiques, ou plus exactement le Diamond System, éliminent la part du hasard qui existe au trois-bandes.

COUPS EN JOUANT SUR UNE BILLE

Quand il faut, dans un point de trois-bandes, frapper d'abord la bille n° 2 avec la bille n° 1, c'est la bille n° 2, au lieu de la bille n° 1, comme dans les coups par la bande, qui sert de base des calculs (voir le graphique n° 89).
En étudiant ce point à l'envers, comme vous le faites pour tous les points de trois-bandes, vous constaterez que, pour amener la bille n° 1 à l'endroit où se trouve la bille n° 2, la bille n° 1 doit toucher la troisième bande au losange n° 3, puisque c'est le losange correspondant que vous visez.
Vous savez que vous devez toucher le losange n° 3 de la troisième bande. Alors, en revenant à la bille n° 2, vous déterminez que votre parcours d'attaque de la bille est sur le parcours 6 de la bille n° 1. Étant donné que votre objectif sur la troisième bande est 3 et que votre parcours est 6, 3 ôté de 6 égale 3, soit le numéro du losange que vous devez toucher contre la première bande, après avoir carambolé la bille n° 2.
Ce point serait réalisé suivant la même formule mathématique si la bille n° 3 était n'importe où sur la table sur la ligne reliant les deux losanges correspondants 3 — respectivement sur les troisième et quatrième bandes (voir de nouveau le graphique n° 73) — ou si la bille n° 2 était n'importe où sur le parcours 6 de la bille n° 1.

Vous comprenez maintenant l'importance du carambolage au trois-bandes. Si vous êtes incapable de réaliser le carambolage que vous prévoyez, à partir de la bille n° 2 jusqu'au losange n° 3 de la première bande, vous n'avez aucune assurance de réussir le point. Le joueur de trois-bandes intelligent s'exerce constamment à faire des carambolages.

LE POINT DE DÉPART

Pour le point de départ, où les billes sont placées sur les mouches, comme l'indique le graphique n° 42, la bille n° 1 est à environ 15 cm de l'alignement de la

bille n° 2 (dans ce cas précis la bille rouge) située en haut du billard.

En étudiant ce point à l'envers, vous constaterez que la bille n° 3 se trouve entre les nombres 2 et 3 de la bille n° 2. Vous pouvez donc vous représenter ce point à partir du nombre 2 1/2 de la bille n° 2, sachant que la bille n° 1 doit quitter la troisième bande en ce point.

Maintenant, en regardant la bille n° 2, vous constaterez qu'elle se trouve sur le parcours 3 de la bille n° 1. Étant donné qu'il faut déduire le nombre de la bille n° 2 de celui de la bille n° 1 pour déterminer le losange de la première bande, vous savez que le losange de la première bande est 1/2 parce que 2 1/2 (le numérotage de la bille n° 2) ôté de 3 (le numérotage de la bille n° 1) égale 1/2.

En conséquence, pour jouer le coup et faire le point, il faut toucher la bille n° 1 à partir de la bille n° 2 contre le losange 1/2 de la première grande bande. La bille n° 1 touchera ensuite la petite bande du haut et reviendra contre le losange 2 1/2 de la troisième bande. Du fait que la bille n° 3 est sur le parcours 2 1/2 correspondant aux billes visées, vous ferez le point si le coup est joué correctement. Comme je l'ai déjà expliqué, on joue le point de départ en attaquant la bille n° 1 avec de l'effet à gauche, légèrement au-dessus du centre, et en frappant la bille n° 2, à peu près 1/3 à droite, comme l'indique le graphique n° 42. Si la bille n° 1 est placée sur le côté droit de la bille n° 3, mettez de l'effet à droite et frappez la bille n° 2 de la même façon — environ 1/3 à gauche.

Le point de départ devrait vous faire prendre conscience de l'importance des carambolages au billard. Tant que vous ne serez pas capable de diriger la bille n° 1, après avoir carambolé la bille n° 2, au

GRAPHIQUE N° 88

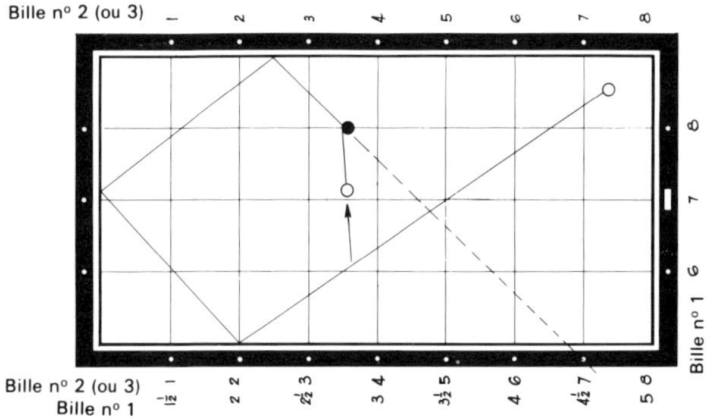

GRAPHIQUE N° 89

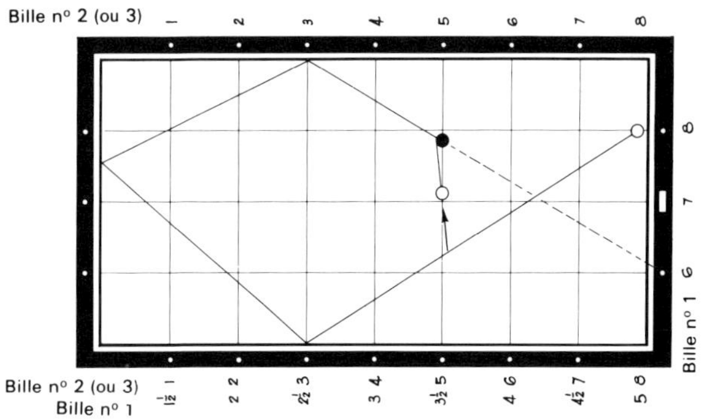

GRAPHIQUE N° 90

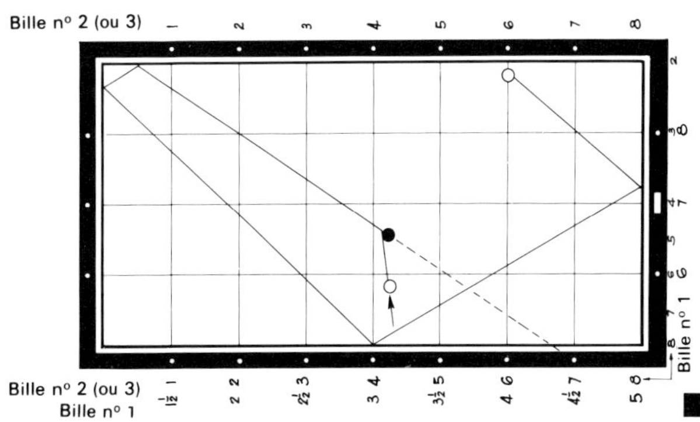

losange imaginaire n° 1/2 de la première bande, vous ne serez pas un bon joueur. Exercez-vous à faire des carambolages.

PRÉCISIONS SUR LES LOSANGES CORRESPONDANTS

Le point illustré par le graphique n° 90 peut être joué par déduction mathématique. A part une série de leçons écrites par mon ami Charlie Peterson, à ma connaissance rien n'a été écrit depuis qui puisse servir de guide à un joueur de trois-bandes désireux d'apprendre le Diamond System.

Je vous ai déjà parlé de l'importance du Diamond System au trois-bandes et de la nécessité d'apprendre par cœur les losanges correspondants. Vous savez (revoir le graphique n° 73) que le losange n° 1 de la bande gauche correspond au losange n° 7 à droite ; que le losange n° 2 à gauche va au coin droit de la petite bande ; que le losange n° 3 va au losange n° 3 de la petite bande, et ainsi de suite.

Cependant, dans le point indiqué sur le graphique n° 90, la bille n° 3 est à deux losanges de la petite bande sur la droite. S'il était possible de caramboler une bille à partir de la première bande exactement dans le coin gauche supérieur, vous pourriez faire le point, mais vous avez peu de chances de le réussir.

C'est pourquoi vous devez, maintenant, apprendre la correspondance des losanges autour du billard. Par exemple, le losange n° 3 de la bande gauche va au losange n° 3 de la petite bande, alors que le dernier losange correspond au losange n° 7 de la bande droite. Le losange n° 4 de la bande gauche correspond au losange n° 4 de la petite bande, et le dernier losange correspond au deuxième losange à droite, à partir de la petite bande, ou le losange n° 6 (voir graphiques n°s 73 et 90).

Avec ces données, vous pouvez calculer le parcours de trois-bandes ci-dessus à partir de la petite bande. Vous savez que vous devez partir du losange n° 4 de la petite bande pour être en correspondance avec le deuxième losange de la bande droite à partir de la petite bande. Vous savez également que le losange n° 4 de la petite bande correspond au losange n° 4 de la bande gauche. Par conséquent, le losange que vous devez toucher sur la bande gauche — ou troisième bande — est le n° 4.

La position de votre bille n° 1 est 4 1/2. En déduisant la position de la bille n° 2 (losange n° 4) de la position de la bille n° 1 (4 1/2), vous obtenez 1/2, point qu'il faut toucher sur la première bande. Une bille, envoyée avec le bon effet contre le « losange » 1/2, fera le tour de la table et réalisera le point.

POINTS AUTOUR DU BILLARD

Le graphique n° 91 illustre un coup qui fait deux fois le tour du billard. Ce point vous fera mieux comprendre qu'il est nécessaire d'apprendre le Diamond System et mettra de nouveau l'accent sur ce que vous devez savoir des losanges correspondants.

Le graphique de ce point montre que la bille n° 2 est sur le parcours 4 de la bille n° 1 et que la bille n° 3 est dans le coin gauche sur la grande bande. En étudiant ce point à l'envers, vous constaterez que vous devez quitter la bande droite (la première) au

GRAPHIQUE N° 91

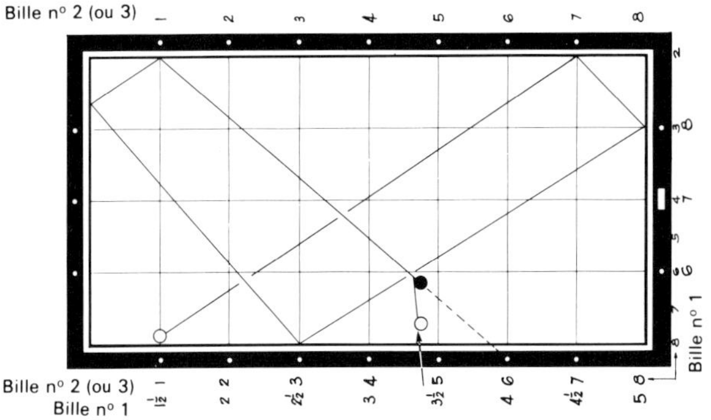

losange n° 7 pour revenir à peu près à l'emplacement de la bille n° 3 dans le coin supérieur gauche. Vous savez que le losange n° 7 va au losange n° 3 de la petite bande et que ce losange correspond au losange n° 3 de la troisième bande (bande gauche).

La connaissance des correspondances de ces losanges vous permet maintenant de trouver le losange qu'il faut viser sur la première bande (bande droite). Vous vous rendrez compte que la bille n° 2 est sur le parcours 4 de la bille n° 1 (souvenez-vous qu'il s'agit d'un carambolage). Le losange qu'il faut viser sur la troisième bande est le numéro 3. Par conséquent, le losange n° 3 (notre objectif) ôté de 4 (position de la bille n° 1) égale 1, soit le losange n° 1 de la première bande (bande droite). Un carambolage précis qui dirigera la bille n° 1 à partir de la bille n° 2 contre le losange n° 1 de la première bande enverra la bille n° 1 autour de la table contre les losanges correspondants et fera le point.

Vous pouvez vous entraîner d'une façon remarquable en changeant les billes de place. Gardez la bille n° 2 sur le parcours de la bille n° 1 et calculez votre coup pour faire cinq ou six bandes. Souvenez-vous simplement de la règle de soustraction, et contrôlez, en faisant une addition, comme je l'ai déjà expliqué.

Vous pouvez voir sur la photographie n° 37, prise au stroboscope, un point par la bande autour du billard pendant son entière exécution.

Je vise la bille n° 1, située en position n° 5. Vous savez par les losanges correspondants que je dois quitter le losange n° 3 de la petite bande pour aller au premier losange de la bande gauche au-dessus du coin, de façon à faire le point, étant donné que les billes n°s 2 et 3 se trouvent sur une ligne imaginaire entre les losanges correspondants n° 1 de la bande latérale droite et le n° 7 de la bande latérale gauche. Par conséquent, le losange que je dois viser sur les troisième, quatrième et cinquième bandes est le numéro 3, et en soustrayant ce chiffre (3) du chiffre indiquant la position de ma bille (5), j'obtiens 2, soit le numéro du losange que je dois heurter sur la première bande. Sur la photographie, vous me voyez en train de toucher ce point (« à travers » le losange n° 2) sur la première bande, et vous pouvez suivre le parcours précis de la bille n° 1 contre la petite bande du haut, puis contre le losange n° 3 de la deuxième grande bande, et enfin contre le losange correspondant 3, pour réaliser le point.

Maintenant que je vous ai expliqué et montré le Diamond System, vous savez faire les points fondamentaux de trois-bandes en l'appliquant. 80 % des points de trois-bandes peuvent être joués en utilisant ce Système.

LE CÉLÈBRE POINT PARAPLUIE

Le célèbre point « parapluie » (voir le glossaire pour l'explication du terme) est illustré par le graphique n° 92, et on peut le jouer en appliquant le Diamond

System. Vu la position des billes, nous savons qu'il faut attaquer la bille n° 1 sur le bord de la bille rouge, ou bille n° 2, pour toucher correctement la troisième bande et faire le point. Nous visons donc de cette façon et constatons qu'en touchant le bord de cette bille n° 2 un prolongement de cette ligne imaginaire nous conduirait au losange n° 2 de la bille n° 3 de la troisième bande (bande latérale gauche).
Nous savons aussi que la bille n° 1 se trouve en 4 en visant la première bande. Donc, 2 ôté de 4 égale 2, le losange n° 2 étant le point qu'il faudra toucher sur la première bande. Entraînez-vous à faire ce point avec effet naturel, en attaquant la bille au centre, et vous sentirez vite le genre de coup de queue et les qualités qu'il faut pour le réussir régulièrement. Entraînez-vous ensuite à jouer d'autres positions du point « parapluie », et utilisez les calculs décrits plus haut pour les réaliser. Toutefois, ces points sont difficiles — même pour les joueurs exercés — et ne doivent être tentés que lorsqu'il n'y a pas moyen de jouer le point autrement.

GRAPHIQUE N° 92

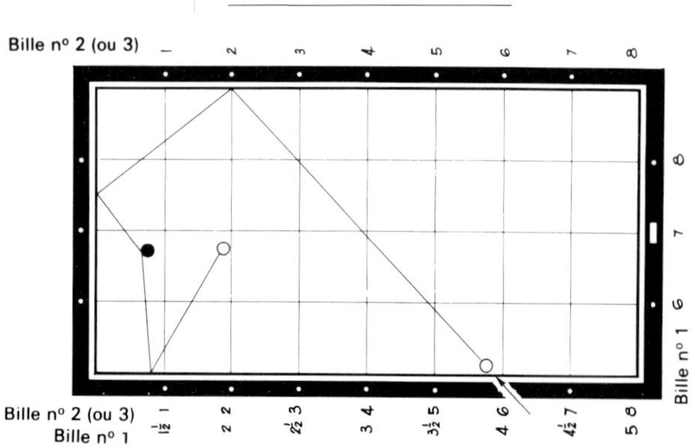

SYSTÈME PLUS

Le Système plus, quelquefois appelé Système plus 2, est illustré sur le graphique n° 93.
La numérotation des losanges, et celle des intervalles, qui servent de base à ce système particulier, se trouvent sur la petite bande du haut. Le coin supérieur gauche est 1, et, en lisant vers la droite, le premier losange est 3, le second, ou losange central, est 5, et le troisième, ou premier losange à partir du coin droit, est 7. A mi-chemin entre ces losanges, on trouve respectivement les chiffres 2, 4, 6 et 8, une fois de plus parce que la table est deux fois plus longue que large, et que nous avons affaire à une petite bande, jouant à partir d'une grande bande.
On utilise le Système plus dans les points joués par la bande quand la bille n° 1 est près d'une grande bande et que les billes n°s 2 et 3 sont sur les lignes pointillées du graphique n° 93 ou à côté d'elles. Quel que soit le point de la petite bande frappé avec la bille n° 1, celle-ci reviendra à la même distance, ou nombre des losanges — en fonction de la numérotation de la petite bande, expliquée plus haut — plus bas sur la grande bande que l'endroit d'où la bille n° 1 est partie ou a été frappée (voir le graphique pour bien comprendre les explications).
Par conséquent, en jouant à partir de n'importe quel losange de la grande bande vers la petite bande du haut, à un demi-losange du coin, la bille n° 1 reviendra contre la même grande bande latérale, deux losanges plus bas que l'endroit d'où elle était partie. La raison — de nouveau — est qu'en touchant la petite bande à un demi-losange du coin, la bille n° 1 touche le chiffre 2 du Système plus qui la ramène deux losanges plus bas sur la bande latérale d'où elle était partie.
Il faut donner à la bille un effet naturel.

37

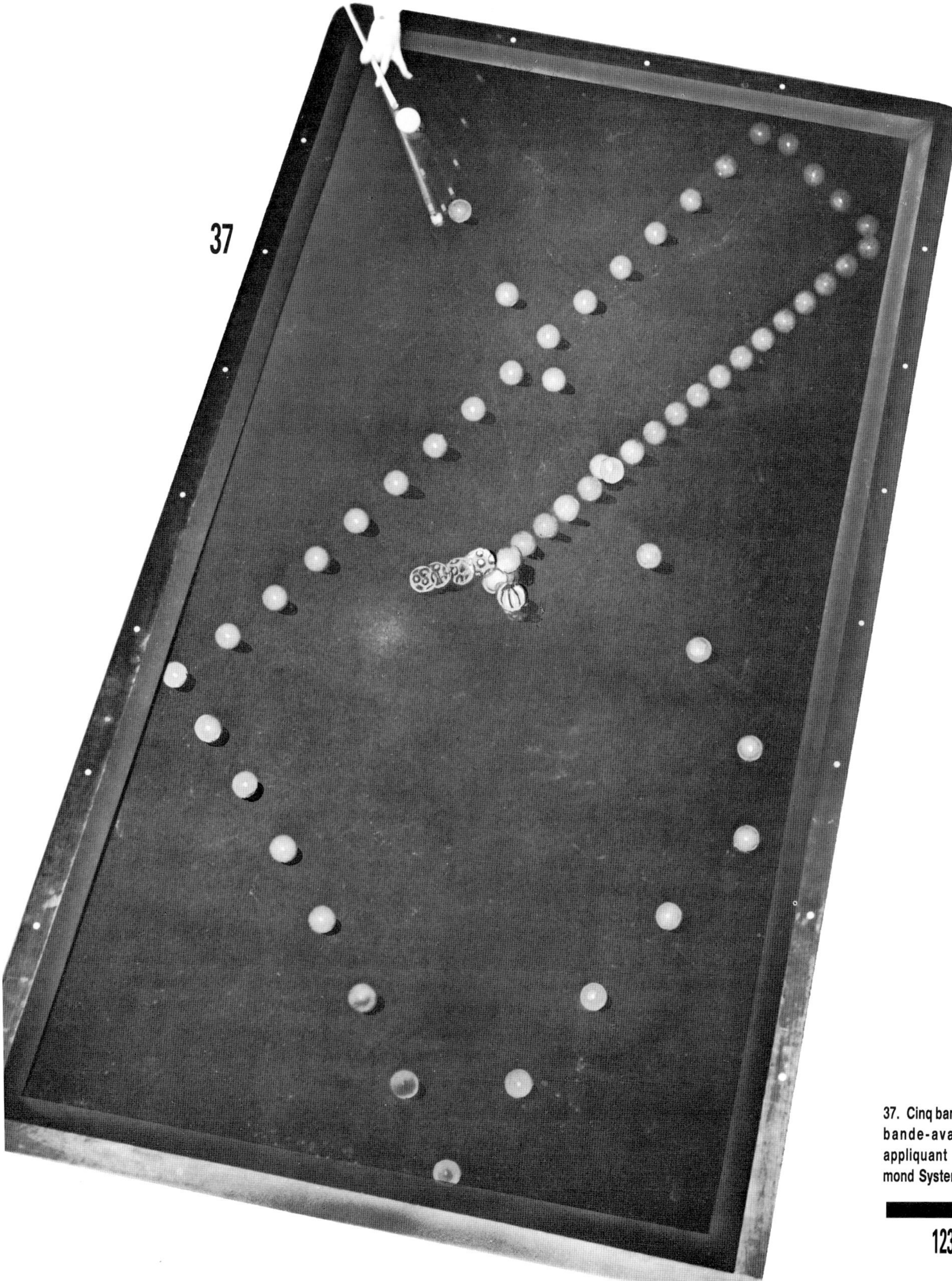

37. Cinq bandes par bande-avant, en appliquant le Diamond System.

Pour toucher un point sur la grande bande, seulement un losange plus bas que l'endroit d'où la bille n° 1 est partie, envoyez-la directement dans le coin. Pour toucher la bande trois losanges plus bas que le point de départ de la bille n° 1, dirigez-la vers le losange n° 3 du Système plus, sur la petite bande, ou à un bon losange du coin.

Les lignes pointillées, sur le graphique, montrent le parcours de la bille n° 1, après qu'elle a quitté la grande bande à partir des losanges n°s 5, 6, 7, à son retour, et comment elle s'éloignera respectivement des losanges n°s 5, 6 et 7, et continuera à rouler vers la petite bande du bas.
Les billes n°s 2 et 3, placées n'importe où sur ces lignes pointillées, seront carambolées si vous attaquez l'endroit indiqué.
Sur le graphique n° 93, la bille n° 1 part du losange n° 4 de la grande bande droite et revient, respectivement, vers les losanges n°s 5, 6 et 7.

Il est tout à fait évident que vous pouvez jouer n'importe quel point parallèle à ceux-ci et obtenir les mêmes résultats.

RÉSUMÉ

Pour bien jouer, vous devez connaître le Diamond System, qui vous permet de soustraire rapidement la position de la bille n° 2 de la position de la bille n° 1 pour déterminer le losange que vous devez toucher sur la première bande. C'est tout ce qu'il faut connaître pour réussir un point de trois-bandes dont l'angle est naturel. Cependant, quand le point exige plus de trois-bandes — disons quatre ou cinq — il faut connaître les losanges correspondants sur les autres bandes pour être certain du parcours de la bille autour de la table.
Le graphique n° 94 vous démontre qu'une bille envoyée à partir du parcours 3 de la bille n° 1 vers le losange n° 1 de la bande éloignée reviendra vers le losange n° 2 de la bille n° 2 sur la troisième bande, et que le losange n° 2 correspond au coin. Ce graphique montre qu'en soustrayant le losange voulu (2) sur la troisième bande de la position de la bille n° 1 — que ce soit 4 ou 8 — vous trouverez le losange de la première bande qui renverra la bille n° 1 vers le losange n° 2 de la troisième bande, et, par conséquent, dans le coin.

GRAPHIQUE N° 93

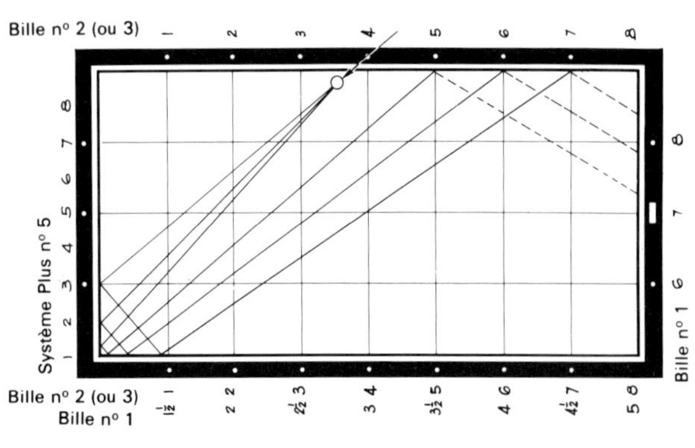

GRAPHIQUE N° 94

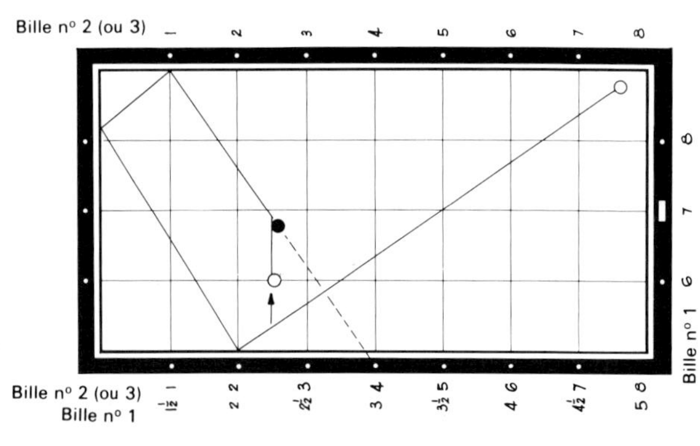

Le Diamond System couvre donc une méthode qui permettra à n'importe quel joueur de se placer devant un billard et d'exécuter un point de trois-bandes à angle naturel.
Cependant, il faudra revenir sur les points principaux et connaître un certain nombre de facteurs importants dans une phase de jeu avancée.
Attaquez la bille n° 1 au pôle sur la ligne centrale avec un léger effet naturel.
Apprenez par cœur la numérotation des billes n°s 2 et 3 et celle de la bille n° 1, et les points de départ qu'elle couvre.
Apprenez par cœur la numérotation des losanges correspondants. C'est la base de tout le Système.
Les chiffres qui sont à l'intérieur sont les numéros (des losanges) des billes n°s 2 et 3 qui vont de 1 à 7 sur les deux grandes bandes latérales (le coin étant 8) ; à l'extérieur, les numérotages correspondant aux positions de la bille n° 1 vont de 1 1/2 à 5 sur les grandes bandes et valent 6, 7 et 8 sur la petite bande.
Les losanges correspondants de la quatrième petite bande sont les chiffres des billes n°s 2 et 3, qui valent respectivement 7, 6, 5, 4, 3 et 2 ; 7 et 5 étant à mi-chemin entre les losanges, parce que la table est deux fois plus longue que large.

La position de départ de la bille n° 1 est deuxième par rapport aux chiffres des billes n°s 2 et 3 sur la bande latérale. Une bille attaquée depuis la position n° 5 de la bille n° 1 jusqu'au losange n° 4 de la bande opposée ira contre le losange n° 1 de la troisième bande, et contre le losange n° 7 à la tête de la table.
Le point de départ du Système est construit sur le fait que, quand la bille n° 1 touche la troisième bande au point n° 2 des billes n°s 2 et 3, elle quittera ce point de la troisième bande pour aller directement dans le coin inférieur opposé de la table.

Par conséquent, le principe de ce Système est mathématique. Les numérotages se trouvant en face des losanges sur les bandes indiquent une numérotation correcte pour le joueur qui se tient à la tête de la table. En calculant les emplacements des billes n°s 2 et 3, les losanges gardent leur même numérotation de 1 à 7, en comptant à partir de la première petite bande que la bille n° 1 touchera.
Les numérotages les plus bas commencent toujours à l'extrémité de la table opposée à celle où vous vous tenez pour jouer.
De façon à déterminer l'endroit où vous voulez que la bille n° 1 frappe la troisième bande, soustrayez le nombre indiquant l'emplacement de la bille n° 2 du nombre indiquant la position de la bille n° 1 ; le résultat vous donne le point exact où la bille n° 1 doit toucher la première bande.

Donnez un coup de queue juste assez fort pour faire le point. L'entraînement vous donnera ce « sens du toucher ». N'oubliez jamais qu'une vitesse excessive raccourcit l'angle de la bille n° 1 dans son parcours autour de la table ; une vitesse réduite allongera l'angle de la bille n° 1, et dans les deux cas vous manquerez le point.
On utilise la même méthode de calcul quand les billes se trouvent sur n'importe quelle ligne imaginaire entre les losanges, ou sur n'importe quel prolongement des lignes des graphiques précédents.
Visez selon une ligne droite directement « à travers » ou « contre » les losanges de la première grande bande, quand vous jouez à partir des petites bandes — et « en face » des losanges de la première grande bande quand vous jouez à partir des grandes bandes latérales.
Un détail important à noter : lorsque vous changez

la position de la bille n° 1 en descendant la bande, vous constatez qu'après avoir atteint la position n° 3 1/2 pour la bille n° 1 et en gardant toujours le numéro 2 comme emplacement de la bille n° 2 sur la troisième bande, l'angle change quelque peu à cet endroit. Le point de contact de la bille n° 1 sur la troisième bande est légèrement au-dessus, et non pas contre — en face — du losange n° 2. Au fur et à mesure que vous descendez la bande, la différence s'accentue.

En entrant en contact avec la troisième bande, la bille n° 1 touchera un peu plus loin au-dessus du losange n° 2, chaque fois que la position de la bille n° 1 se déplace un peu vers le bas.

Cependant, continuez à considérer le losange n° 2 comme le point de contact de la troisième bande dans votre soustraction et votre addition. L'expérience vous apprendra que vous devez accorder cette distance supplémentaire au-dessus du losange n° 2, en tenant compte de l'emplacement précis des billes n°s 2 et 3.

Mais ne vous souciez pas de ce détail technique pendant que vous apprenez le Système. Cette variation des angles commence à mi-chemin de la table des deux côtés et sur les petites bandes. Autrement dit, vous remarquerez cette variation des angles, après que la position de la bille n° 1 dépasse le losange n° 4 de la bande latérale ou le losange n° 7 de la grande bande. Le joueur moyen ignore souvent cela, et c'est pourquoi il manque souvent des points.

Quand il faut d'abord toucher la bille n° 2, utilisez le bord de cette bille comme nombre correspondant à l'emplacement de la bille n° 1. C'est-à-dire que vous déterminez le point de contact sur la première bande, après avoir touché la bille n° 2, par la même méthode que pour déterminer la position de la bille n° 1 dans un point joué par la bande. Définissez simplement la position de la bille n° 2 comme point de départ de la même façon que si elle était la bille n° 1. En résumé, dans les points de bande-avant, la bille n° 1 est la base du calcul ; mais quand il faut d'abord toucher la bille n° 2, celle-ci en est à son tour la base.

Trouvez la ligne de direction à partir de la troisième bande avant de faire le point, à travers la bille n° 3 vers la bande suivante ou quatrième bande.

Le chiffre que vous toucherez sur la troisième bande est le numérotage correspondant à la position de la bille n° 2.

Déterminez le numérotage correspondant à la position de votre bille n° 1 en évaluant la direction approximative ou le parcours de l'angle que votre bille n° 1 doit faire à partir de la première bande.

Soustrayez le numérotage de la bille n° 2 de celui de la bille n° 1 afin de déterminer le losange à toucher sur la première bande.

Si la bille n° 1 n'est pas placée sur un numérotage exact, tracez une ligne imaginaire allant du numérotage le plus proche de la première bande, puis visez selon une ligne exactement parallèle à la ligne imaginaire.

Attaquez la bille n° 1 au centre avec un effet naturel. Pour trouver un angle naturel, soustrayez le numérotage de la bille n° 2 du numéro de la bille n° 1, et la différence numérique que vous indique le point de contact sur la bande. Par conséquent, ne tentez pas des points qui mettent en jeu un numéro supérieur à 4 1/2 pour la bille n° 2, étant donné que vous ne pouvez pas soustraire 5 de 5. Si ce cas se présente, jouez le point à partir de l'autre extrémité et de l'autre côté de la table, ce qui vous fera faire quatre bandes.

Le total des numérotages des billes n°s 2 et 3 sur les deux grandes bandes doit toujours être égal au numérotage indiquant la position de départ de la bille n° 1.

CONCLUSION

A partir de maintenant, c'est à vous de jouer.
Il n'est guère besoin de résumer les points les plus importants traités dans cet ouvrage. J'ai essayé d'expliquer chaque détail de la façon la plus brève et la plus vivante. Chaque point traité est important, et ils sont tous dépendants, comme les anneaux d'une chaîne. Et tout le monde sait qu'une chaîne n'est pas plus résistante que son anneau le plus faible. C'est le meilleur exemple que je puisse vous donner pour que vous sachiez et fassiez ce qu'il faut pour devenir un bon joueur de billard, et retiriez le plus grand plaisir de ce passionnant jeu d'intérieur.

Vous atteindrez ces deux objectifs si vous suivez mes conseils. Ne sous-estimez, à aucun prix, l'importance des principes fondamentaux. Mais je pense n'avoir pas besoin d'insister sur le fait que vous devez religieusement suivre de A à Z tous ces facteurs essentiels.

Pour terminer ce livre, j'ai établi un « glossaire de la terminologie », qui, je l'espère, vous sera très utile.
Alors, un dernier mot : tenez-vous fermement devant la table, bien équilibré sur vos jambes. Maintenez bien la queue de billard et faites un chevalet solide. Donnez toujours un coup de queue régulier, assuré et confiant, avec une vitesse adaptée.
Visez l'endroit de la bille n° 1 que vous avez l'intention de toucher, et frappez à cet endroit.
Visez l'endroit de la bille n° 2 que vous voulez heurter et frappez à cet endroit.
Concentrez-vous sur votre point. Ne vous découragez jamais quand vous manquez un point. Pour la plupart d'entre nous, la vie est une succession d'échecs — POURSUIVEZ TOUJOURS VOS EFFORTS.
Jouez comme un gentleman — comme un étudiant.
Soyez sûr de vous et de vos attaques, et vous passerez de nombreuses heures passionnantes, au fur et à mesure que vous progresserez à ce jeu extraordinaire.

Pour conclure, je vous raconterai une dernière histoire. Elle illustre de nouveau l'éternelle question : « Pourquoi être fier quand on est mortel ? »
Un jour, Welter Cochran et moi-même jouions un match, dans un club de la côte Pacifique. L'un des membres du club était arbitre. Je fis une série de deux à ma première reprise.
L'arbitre annonça :
« Deux pour monsieur Hop.
— Mon nom est Hoppe », répliquai-je.
Welker joua, puis ce fut à mon tour. Je manquai.
« Rien pour monsieur Hop, dit l'arbitre.
— Hoppe, lui dis-je de nouveau.
— Enfin, vous ne connaissez même pas le nom de cet homme ? demanda l'un des spectacteurs à l'arbitre.
— Non, avoua l'arbitre ; et, se tournant vers moi, il me demanda :
— Quel est-il ?
— Hoppe, lui répondis-je. Deux syllabes. »
Par la suite, il le prononça correctement.
N'écoutez pas les suggestions inutilisables du joueur moyen. Il se peut qu'il veuille vous aider, mais il n'y a qu'une seule méthode pour réussir, et j'ai essayé de la traiter dans sa totalité.

Il faut cesser d'espérer que vous ferez des points et de souhaiter réussir tel ou tel point. Attachez-vous sérieusement aux principes de base et aux explications des détails importants. Vous serez agréablement surpris d'être si vite et définitivement récompensé par un bon jeu.

CONSEILS INDISPENSABLES DONT IL FAUT SE SOUVENIR

Pour être un bon joueur de billard, n'oubliez jamais les conseils suivants : ce sont des règles, « tuyaux », de tradition orale — que tous les joueurs — débutants et joueurs accomplis — doivent toujours garder présentes à l'esprit.

1. Choisissez une queue en tenant compte de son poids, de sa longueur, et de la taille de son fût, tout en vous assurant que vous la « sentez » bien ;
2. Tenez-vous naturellement devant la table, soyez à l'aise, et détendez-vous souvent. Adoptez une posture correcte et confortable ;
3. Maintenez légèrement la queue entre le pouce et les deux premiers doigts de la main ;
4. Tenez la queue en son point d'équilibre, et non pas à l'extrémité du talon ;
5. Mettez du bleu sur votre procédé à intervalles réguliers ;
6. Ayez un chevalet solide avec votre main et utilisez une flèche courte ;
7. Maintenez votre queue dans le prolongement de l'attaque. Ne laissez jamais la queue osciller ;
8. Allongez régulièrement et au maximum votre coup de queue sur la bille n° 1, à chaque attaque, sans tenir compte du fait que vous devez exécuter un coulé, un rétro, attaquer une bille plein ou avec effet. Adoptez un coup de queue qui vous soit naturel et tenez-vous-y ;
9. Tenez la queue aussi parallèlement que possible au tapis, sauf dans les cas expliqués précédemment et dans lesquels il faut la soulever ;
10. Visez avec la queue de la même façon que vous visez avec un fusil. Le regard directement au-dessus et le long de la ligne de visée ;
11. Attaquez la bille n° 1 là où vous visez — et enfoncez. Le procédé ne doit jamais déraper à droite ou à gauche quand vous mettez de l'effet ;
12. Attaquez la bille n° 1 à une distance d'un procédé du centre et jamais plus, et au centre, chaque fois que c'est possible ;
13. Frappez la bille n° 2 à l'endroit visé ;
14. Chaque mouvement doit être naturel, mais exécuté « en cadence » ;
15. Étudiez les principes fondamentaux, et revenez-y régulièrement ;
16. Concentrez votre attention sur tous les principes de base à chaque instant ;
17. Adoptez un certain style de jeu solide — il deviendra naturel, et, quand il le sera, tenez-vous-y ;
18. Utilisez une queue de billard qui pèse entre 510 et 570 g ;
19. Utilisez un procédé de 12 mm en cuir moyennement dur ;
20. Faites des rétros chaque fois que c'est possible. C'est le coup le plus important au billard ;
21. Faites des demi-coulés plutôt que de jouer fin ;
22. Choisissez toujours le parcours le plus court, si c'est possible, dans le cas où vous concevez deux manières différentes de faire un point ;
23. Entraînez-vous sans relâche et de propos délibéré à jouer (certains points, etc., chaque fois qu'ils se présentent). Un peu d'entraînement donnera des résultats étonnants dans votre jeu ;
24. Observez la technique des joueurs expérimentés ; non pas pour copier leur style, mais pour assimiler les qualités remarquables de chacun d'entre eux ;
25. Maintenez votre queue sur la ligne de visée ;
26. Faites autant d'efforts pour jouer les points faciles et naturels que pour jouer les points difficiles. Si vous exécutez les points faciles aussi bien que les points difficiles, votre jeu s'améliorera énormément. La plupart des joueurs sont trop confiants devant les coups faciles et trop tendus devant les coups difficiles ;

27. Attaquez la bille n° 1 au centre ; ne dépassez jamais d'un procédé ce centre selon l'effet que vous voulez mettre ;
28. Évitez, dans la mesure du possible, de mettre de l'effet ;
29. Concentrez votre attention sur chaque attaque ;
30. Découvrez vos erreurs et corrigez-les, les unes après les autres. N'oubliez jamais que si votre position devant le billard n'est pas confortable elle est mauvaise. Étudiez encore les illustrations accompagnant le chapitre : « Position devant le billard, posture correcte ».

Quand vous faites une bande, trouvez le point où votre bille doit venir sur celle-ci.

Servez-vous du parcours en V comme d'un guide pour tous vos carambolages à deux bandes. Attaquez la bille n° 1 au-dessous du centre pour faire un rétro en tenant la queue aussi parallèlement que possible à la table pour éviter les fausses queues, et ne mettez pas d'effet dans les rétros rapprochés, sauf pour améliorer la position des billes.

Attaquez la bille n° 1 légèrement au-dessus du centre pour la plupart des carambolages à trois bandes. La seule exception est lorsqu'il faut faire un rétro pour un angle aigu. Laissez les billes n°s 2 et 3 en face de la bille n° 1 à la partie libre, à la bande et au cadre. En jouant l'américaine, donnez à la bille n° 1 de l'effet à droite pour obtenir un phénomène opposé à la bille n° 2, et vice versa.

Quand vous jouez de près le long de la bande, utilisez un effet intérieur, soit du côté de la bande, aussi limité que possible, car il tend à éloigner les billes de la bande.

Touchez la bille n° 2 aussi fin que possible en massant ; plus la courbe est aiguë, plus il est nécessaire de tenir la queue proche de la perpendiculaire.

Souvenez-vous toujours : 1. De jouer avec la bonne bille ; 2. de mettre du bleu ; 3. de vous concentrer (ne soyez pas distrait, nonchalant, indifférent ou négligent) et de vous entraîner le plus souvent possible.

Si vous le faites, vous réussirez au billard.

Coup par une bande.

SUGGESTIONS AUX DÉBUTANTS

1. Décidez de la façon de jouer un point et tenez-vous-y. On manque souvent un point, lorsqu'on a en tête deux méthodes différentes pour le faire. Par exemple, lorsque la bille n° 3 est placée près d'une bande, et qu'on donne un coup de queue destiné à traiter le point comme un carambolage direct, alors qu'on n'a pas encore renoncé à le jouer à partir de la bande ;

2. Fixez votre regard sur le point de la bille que la queue doit toucher, et frappez ce point. Il arrive que des joueurs prennent l'habitude de limer suivant une ligne de visée donnée et d'en changer au moment où ils donnent leur coup de queue pour atteindre l'endroit qu'ils veulent toucher. Il est évident que cette manière de procéder engendre de grands risques de fausses queues, donc d'échec ;

3. Ne donnez pas un coup de queue plus fort qu'il ne faut pour obtenir le résultat désiré, et laissez, si possible, ces billes dans une position satisfaisante pour le coup suivant. Les coups de queue appuyés laissent parfois les billes en bonne position, mais c'est généralement une question de chance. De plus, souvenez-vous qu'il est plus difficile de viser la bille n° 1 avec précision en donnant un coup de queue appuyé ;

4. Mettez du bleu souvent ;

5. La main formant chevalet doit être parfaitement rigide. Les doigts de l'autre main doivent soutenir légèrement la queue en son point d'équilibre.
Formez une boucle avec votre index autour de la queue, pour qu'il y ait un frottement, de façon que la queue ne puisse pas déraper, ce qui entraînerait sans doute une fausse queue ou un point manqué ;

6. Laissez le poids de la queue faire tout le travail, sans oublier d'allonger le coup de queue ;

7. Ne laissez pas la queue osciller sur le côté lorsque vous donnez de l'effet à une bille. Sa ligne d'action doit être parallèle à la ligne de visée. Souvenez-vous qu'en soulevant le talon de la queue dans les coups où vous mettez de l'effet, vous faites décrire une courbe à votre bille ;

8. Entraînez-vous à faire les points dont vous n'êtes pas sûr. Mettez les billes en position, faites et refaites chaque point jusqu'à ce que vous maîtrisiez l'attaque elle-même, ainsi que la position où s'arrêtent les billes après que vous avez réussi le point ;

9. Apprenez les massés difficiles, le jeu de près, les rétros compliqués et le Diamond System, avec un professeur expérimenté ;

10. Prenez le jeu au sérieux, étudiez-le attentivement, et sa valeur en tant que divertissement n'en sera que plus grande. Vous en tirerez davantage de satisfaction. Non seulement le joueur distrait et négligent ne fait pas de progrès, mais encore il ne retire rien d'autre du billard qu'une façon de perdre son temps. Il passe à côté du délassement physique et moral, récompense toujours engendrée par un effort soutenu ;

11. Il y a une part de chance au billard, comme dans toutes les choses de la vie. Mais le joueur qui compte sur la chance fait rarement des progrès. La chance est l'ennemi commun de tous les joueurs, l'alibi d'une exécution déficiente.

Attaquez toujours la bille n° 1 à l'intérieur de la ligne pointillée.

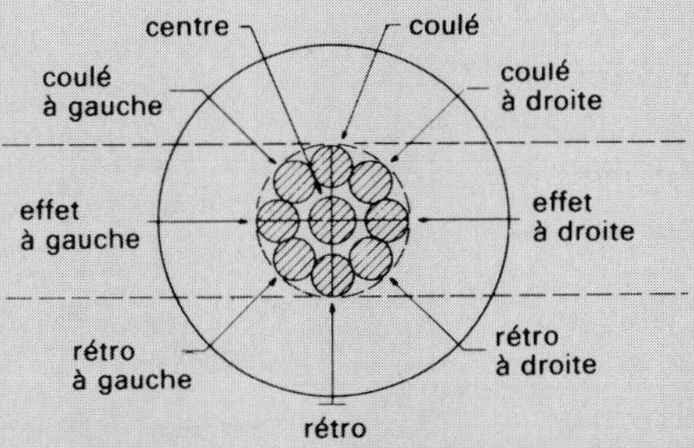

Les billes attaquées à plus d'un procédé du centre sont cause de fausses-queues et d'attaques médiocres.

ATTAQUEZ LA BILLE N° 1 DE CETTE FAÇON POUR...			
RÉTRO	**COULÉ**	**EFFET A GAUCHE**	**EFFET A DROITE**
En jouant ainsi, la bille n° 1 recule vers vous.	En jouant ainsi, la bille n° 1 va vers la bille n° 2.	En jouant ainsi, vous donnez à la bille n° 1 de l'effet à gauche.	En jouant ainsi, vous donnez à la bille n° 1 de l'effet à droite.
RÉTRO A GAUCHE	**RÉTRO A DROITE**	**COULÉ A GAUCHE**	**COULÉ A DROITE**
En jouant ainsi, la bille n° 1 recule avec de l'effet à gauche.	En jouant ainsi, la bille n° 1 recule avec de l'effet à droite.	En jouant ainsi, la bille n° 1 avance avec de l'effet à gauche.	En jouant ainsi, la bille n° 1 avance avec de l'effet à droite.

GLOSSAIRE

Américaine - Position des billes très rapprochées le long de la bande et qui permet, à la partie libre, de faire des séries très élevées en un temps record par la répétition et le renouvellement des mêmes positions. Cette invention géniale, découverte par les frères Dion, en 1878, a révolutionné la partie libre.

Amorti - Prise de la bille n° 2 pleine de façon que la bille n° 1 bouge le moins possible, afin de bien se placer lors de certains coups.

Ancre - Petit carré additionnel que l'on place au milieu des lignes tracées pour les jeux de cadre et dans lequel le joueur doit observer les mêmes règles que dans les autres surfaces réglementées.

Attente (Coup d') - Coup qui permet, le plus souvent, de préparer un placement.

Bande-avant - Coup par lequel on joue d'abord la bande.

Barrage - Position de la bille n° 1 qui arrêtera la bille n° 3 lors de son retour. Coup très important pour les rétros de ligne.

Bas (Attaquer, prendre) - Attaquer la bille n° 1 au-dessous du centre, généralement près du tapis.

Billard - Le billard est une table dont la surface supérieure est rectangulaire, horizontale, rigoureusement plane, et sur laquelle les billes sont appelées à évoluer. La Fédération française de billard utilise pour ses épreuves sportives les billards de dimensions suivantes :
— le billard de 3,10 m, ou billard dit de « match » ;
— le billard de 2,80 m, ou billard dit de « demi-match » ;
— le billard de 2,60 m (parfois de 2,40 m) ou billard dit « petit format ».
La délimitation de sa surface de jeu, dont les dimensions sont de 2,845 x 1,422 m pour le billard de match et de 2,545 x 1,272 m pour le demi-match, se fait par l'apposition de bandes de caoutchouc, hautes de 3,6 à 3,7 cm, mesurées du drap au point d'attaque par une bille. Ces bandes sont fixées sur toute leur longueur à un cadre dont la surface supérieure, de teinte uniforme, porte des incrustations, en forme de losanges ou de ronds, de couleur blanche, appelées « repères », lesquels sont situés à intervalles réguliers correspondant à 1/8 de la longueur de la surface du jeu et à 1/4 de sa largeur.
La hauteur du billard entre le sol et la surface supérieure du cadre doit être de 0,79 à 0,80 m.
La surface de jeu ainsi que les bandes de caoutchouc sont recouvertes d'un drap de couleur verte.

Billes - Au nombre de trois, deux sont blanches et une rouge. L'une des deux billes blanches doit être « pointée », c'est-à-dire comporter deux points incrustés aux deux pôles. La bille du joueur est appelée bille n° 1 ; la bille n° 2 est celle qui est frappée directement par la bille n° 1 et la bille n° 3 est celle sur laquelle s'effectue le carambolage.

Bleu - Petit cube de craie que l'on « passe » sur le procédé, afin qu'il ne glisse pas lors de l'attaque.

Bosse - Rencontre fâcheuse, en général, qui empêche le carambolage. Dans certains coups, cependant, les grands joueurs se servent d'elle pour faire le point.

Bourre (Jouer la) - Ne rien « laisser » à l'adversaire.

Bricole - Synonyme de bande-avant.

Carambolage - Action de caramboler, c'est-à-dire de toucher les billes adverses (n°s 2 et 3) avec la bille n° 1.

Carotte (Jouer, tirer la) - Écarter les billes et laisser une position difficile à l'adversaire.

Cheval (Billes à) - Position des billes adverses de chaque côté de la ligne du cadre mais très rapprochées.

Chevalet - Position de la main au tapis dans laquelle repose et glisse la flèche.

Coller - Position d'une bille qui touche la bande ou billes en contact.

Contre - Synonyme de bosse, mais le plus souvent joué pour faire le point. Appelé aussi « coup-dur ».

Couler - Attaquer la bille n° 1 au-dessus du centre en allongeant l'attaque.

Dedans - Position des billes adverses (n°s 2 et 3) dans le cadre et où le joueur doit obligatoirement sortir l'une de ces deux billes.

Distance - Nombre de points d'une partie, par exemple : 500 points pour la partie libre ; 400 pour le cadre 47/2 ; 300 pour le 47/1 et le 71/2 ; 200 pour la bande et 60 pour le trois-bandes.

Dominante - Position qui permet de maintenir les billes adverses en direction des coins par le rejet naturel provoqué par le choc des billes.

Effet - Rotation d'une bille autour d'un axe quelconque passant par son centre. Effet carré, contraire, de côté, direct, latéral, naturel, de précaution, sans.

Entraînement - Prise de bille n° 2 assez confortable afin de l'entraîner.

Entrée - Position des billes adverses dans le cadre lors du premier coup.

Fauchage - Action de faucher, la queue quittant sa direction initiale.

Fausse queue - Glissement, dérapage du procédé sur la bille.

Faute - Il y a faute si, dans un coup, une bille quitte la surface du jeu ; si l'on joue avant que les trois billes soient immobilisées ; si l'on touche l'une quelconque des billes avec la queue, la main, etc., si l'on queute ; si l'on se trompe de bille ; si dans les jeux de cadre et de libre le joueur, après l'annonce « dedans » indiquée par l'arbitre, ne sort pas au moins une bille adverse.

Fin (Prendre) - Prendre peu de bille.

Flèche - Partie la plus mince de la queue sur l'extrémité de laquelle se colle le procédé.

Graisser - Enduire le procédé de bleu.

Grossissement - Coup joué de telle façon que le carambolage soit rendu plus facile en étant fait soit directement, soit à l'aide d'une bande ou à l'aide d'effet de précaution.

Ligne (Jouer la) - Aux jeux de cadre, coup qui consiste à maintenir les billes à cheval sur la ligne en jouant par exemple un placement, un rétro, un placement, etc.

Limage - Préparation (va-et-vient) du coup de queue.

Lunettes (Billes en) - Billes adverses (n°s 2 et 3) très rapprochées et où le carambolage est facile.

Masser - Frapper la bille n° 1 verticalement de manière à lui imprimer une rotation sur le côté.

Mécanisme - Ensemble des coups de queue indispensables pour caramboler (coulé, rétro, coup de bande, etc.).

Mesure - Dosage de la force pour obtenir un trajet de longueur déterminée.

Mouches - Au nombre de cinq, trois sont situées suivant l'axe vertical du billard, qu'elles partagent en quatre parties égales. Les deux autres sont situés à 18,25 cm de part et d'autre de cet axe vertical, et suivant une perpendiculaire passant par l'axe de l'une des mouches extrêmes. Cette perpendiculaire, appelée « ligne de départ », indique le bas du billard, côté vers lequel le premier joueur se placera lors du début de partie ; le côté opposé s'appelle le haut.

Moyenne - Nombre de points réalisés divisé par le nombre de reprises.

Passer la main - S'arrêter dans une série, donc « passer la main » à l'adversaire.

Paquet (Billes en) - Les trois billes très rapprochées.

Passage - Faire passer la bille n° 1 entre les billes n°s 2 et 3.

Pelotage - Action de jouer très doucement en frôlant les billes adverses de manière à les garder le plus longtemps possible.

Piquer - Frapper la bille n° 1 verticalement, ou semi-verticalement, de manière à la faire revenir en arriège sans lui communiquer (généralement) d'effet.

Placement (Coup de) - Coup qui permet de se placer favorablement devant les billes adverses (n°s 2 et 3).

Plein (Prendre) - Attaquer la bille n° 2 grosse, en prendre beaucoup.

Point - Synonyme de carambolage.

Pousse-tout - Laisser le procédé en contact avec la bille n° 1 après que celle-ci a touché la bille n° 2.

Procédé - Rondelle de cuir collée sur l'extrémité de la flèche.

Queue - Instrument tronconique destiné à propulser les billes. La queue comprend la flèche et le fût, au bout duquel se trouve le talon.

Queuter - Toucher deux fois la bille n° 1 avec le procédé.

Raccroc - Carambolage exécuté tout autrement que le joueur ne l'avait conçu.

Rappel - Coup qui permet de faire revenir les billes dans une zone désirée.

Reculer - Synonyme de rétrograder.

Règlement - La partie commence dès que l'arbitre a placé les deux billes blanches pour le tirage à la bande (sur le prolongement de la ligne de départ près des deux grandes bandes).
Les joueurs tirent le départ sur la bande du haut. Celui dont la bille s'arrête le plus près de la bande du bas a le choix du départ.

Position de départ - A tous les modes de jeu, sauf pour le billard artistique, le coup de départ se joue sur la position suivante :
a) La bille rouge sur la mouche extrême isolée (haut du billard) ;
b) La bille de l'adversaire sur la mouche centrale de la ligne de départ ;
c) La bille du joueur, au gré de ce dernier sur l'une des deux mouches extérieures de la ligne de départ.
Le carambolage du départ doit se jouer sur la bille rouge. Les joueurs conservent la même bille durant toute la durée de la partie.

Partie libre : Le but du jeu est d'exécuter le plus de carambolages possible sur toute la surface du jeu sauf dans les quatre zones d'interdiction, triangles de 0,355 × 0,711 m, disposés de façon que la ligne droite aboutisse au premier repère de la petite bande et en face du deuxième de la grande bande.
Dans chacun de ces triangles, le joueur ne pourra, au cours de sa série, exécuter plus d'un carambolage, c'est-à-dire qu'au second coup il devra faire sortir l'une au moins des billes adverses.

Partie au cadre 47/2 : Dans la partie au cadre 47/2, le joueur ne peut, au cours d'une série, exécuter qu'un seul carambolage en conservant les deux billes adverses dans l'une quelconque des figures, appelées cadres, lesquelles sont tracées, à la craie de tailleur, à une distance de 0,474 m des bandes, ce qui forme trois rectangles centraux dans le sens de la longueur du billard et, adjacent à chacun des côtés, un carré de 0,474 m de côté.

Partie au cadre 47/1 : Dans ce mode de jeu, le tracé est identique à celui du 47/2, mais, lorsque les deux billes adverses se trouvent entrées dans l'une quelconque des figures, c'est au cours du premier carambolage que l'une d'entre elles devra en sortir, quitte à y entrer de nouveau au cours de ce même carambolage.

Partie au cadre 71/2 : Les règles qui régissent la partie au cadre 71/2 sont les mêmes que celles qui sont appliquées pour le 47/2, mais on trace parallèlement aux bandes, et à une distance de 0,711 m de chacune d'elles, trois lignes qui forment sur la surface de jeu les six cadres suivants : deux rectangles dans la partie centrale et deux carrés accolés à chacune des petites bandes.

Partie à la bande : Ce mode de jeu, ainsi que le trois-bandes, ne nécessite aucun tracé sur le tapis. Dans cette partie, la bille du joueur doit avoir pris contact avec une bande au moins avant que le carambolage s'effectue sur la troisième bille.

Partie par trois bandes : Mêmes règles que pour la partie à la bande, mais, ici, la bille du joueur doit avoir touché au minimum trois bandes avant que la troisième bille ait été carambolée.

Rencontre (Jouer la) - La rencontre se fait grâce au contre provoqué volontairement.

Rentrer - Faire rentrer la bille n° 2, c'est la choquer de telle sorte qu'après avoir touché une ou plusieurs bandes elle revienne se placer le plus près possible des billes n°s 1 et 3.

Reprise - Coup qui reste au joueur qui n'a pas commencé le premier. Point manqué en début de série par le joueur qui a commencé le premier.

Rétro - Abréviation de rétrograder.

Rétrograder - Faire revenir la bille n° 1 en l'attaquant au-dessous de son centre.

Série - Nombre de carambolages consécutifs.

Talon - Extrémité du fût.

Tomber - Se dit d'une bille qui, par suite d'imperfection ou de la déclivité du billard, s'écarte plus ou moins de sa trajectoire régulière.

Trait - Reprise nulle pour le joueur qui n'a pas commencé le premier. Équivaut à la reprise.

Touche (Être en) - Caramboler comme on le désire des points difficiles dans une partie qui se déroule favorablement.

Touche (Manquer de) - Ne pas toucher la bille n° 2.

Équipe professionnelle du Billard-Palace.

LE BILLARD EN FRANCE

La Fédération française de billard siège 71, rue de Verdun, 57100 Thionville-en-Moselle, tél. 82 88 44 28. Selon un découpage régional, les ligues regroupent les clubs affiliés :

LIGUE D'ILE-DE-FRANCE

BILLARD CLUB DES HALLES
49, boulevard Sébastopol, 75001 Paris
Tél. 42 36 55 19
PARIS BILLARD CLUB
3, boulevard des Capucines, 75002 Paris
Tél. 47 42 46 35 ou 47 42 47 05
BASTILLE BILLARD CLUB
Brasserie *Le Rouergue*
1, place Étienne-Pernet, 75015 Paris
Tél. 48 28 69 10
ACADÉMIE DE BILLARD DE WAGRAM
47, avenue de Wagram, 75017 Paris
Tél. 43 80 35 60
UNION SPORTIVE AVONNAISE
Section Billard
3 *bis*, rue du 14-Juillet, 77210 Avon
Tél. 60 72 23 13
BILLARD CLUB DE CHAMPAGNE-SUR-SEINE
149, Grande-Rue, 77430 Champagne-sur-Seine
Tél. 64 23 15 04
BILLARD CLUB DE CHATEAU-LANDON
Foyer rural, route de Souppes
77570 Château-Landon
BILLARD CLUB DE DAMMARIE-LES-LYS
16, rue Henri-Barbusse, 77190 Dammarie-les-Lys
Tél. 64 37 16 38
BILLARD CLUB D'EVRY-LES-CHATEAUX
1, Grande-Rue, 77380 Évry-les-Châteaux
Tél. 64 05 29 97
BILLARD CLUB FERTOIS
25, avenue Franklin-Roosevelt
77260 La Ferté-sous-Jouarre
Tél. 60 22 10 37
BILLARD CLUB LISSOIS
17, Grande-Rue
Lissy, 77550 Moissy-Cramayel
Tél. 64 38 87 35
MAISON DES JEUNES ET DE LA CULTURE
Section Billard
Rue des Prés-de-la-Comtesse, 77160 Provins
Tél. 64 08 98 35
BILLARD CLUB DE SOUPPES
Au Cœur de la Ville, 77460 Souppes
Tél. 64 29 72 11
STADE GARGENVILLOIS
Section Billard
45, rue de la Division-Leclerc, 78440 Gargenville
Tél. 30 93 60 63
BILLARD CLUB DE POISSY
La Charmille
9, boulevard des Loges, 78300 Poissy
Tél. 39 11 58 71
A.S. CORBEIL ESSONNES
Section Billard
111, rue Feray
91100 Corbeil-Essonnes
Tél. 60 88 21 85
BILLARD CLUB CROSNOIS
29, avenue Salvador-Allende, 91560 Crosne
Tél. 69 48 07 36
BILLARD CLUB D'ÉTAMPES
58, boulevard Berchère, 91150 Étampes
Tél. 64 94 86 09
BILLARD CLUB GÉNOVEFAIN
68, avenue de la Grande-Charmille-du-Parc
91700 Sainte-Geneviève-des-Bois
Tél. 60 15 00 14
CLUB MUNICIPAL MORANGIS-CHILLY
Section Billard - COSEC
Rue de l'Église, 91240 Morangis
Tél. 69 34 00 94
BILLARD CLUB VIGNEUSIEN
68, avenue Henri-Barbusse, 91270 Vigneux-sur-Seine
Tél. 69 03 40 99
BILLARD CLUB BOIS-COLOMBES
Le Louis XV,
31 *bis*, rue des Bourguignons
92270 Bois-Colombes
Tél. 42 42 11 04
BILLARD CLUB LA GARENNE-CLAMART
10, route de la Garenne, 92140 Clamart
Tél. 46 32 43 78
BILLARD CLUB COURBEVOISIEN
7, avenue Marceau, 92400 Courbevoie
Tél. 47 88 83 75
BILLARD CLUB D'ISSY-LES-MOULINEAUX
31, avenue Victor-Cresson
92130 Issy-les-Moulineaux
Tél. 46 42 22 95
VANVES BILLARD CLUB
12, rue Sadi-Carnot, 92170 Vanves
Tél. 46 38 96 24
BILLARD CLUB LÉO-LAGRANGE-ÉPINAY
Rue Lacépède, 93800 Épinay-sur-Seine
Tél. 48 26 43 91
BILLARD CLUB DE GAGNY
2 *bis*, place du Général-de-Gaulle, 93220 Gagny
Tél. 43 81 50 79
BILLARD CLUB LA COMÈTE
78, rue de Paris, 93260 Les Lilas
Tél. 43 61 60 70
BILLARD CLUB DE MONTREUIL
182, rue de Paris, 93100 Montreuil
Tél. 42 87 22 72
BILLARD CLUB IMPÉRIAL
38, route d'Aulnay, 93270 Sevran
Tél. 43 83 50 79
BILLARD CLUB ABLONAIS
10, avenue Gambetta, 94480 Ablon
Tél. 45 97 11 48
BILLARD CLUB L'HAY-LES-ROSES
22, rue Léon-Blum, 94240 L'Hay-les-Roses
Tél. 43 50 44 20
BILLARD CLUB JAMA
9 *bis*, avenue Busteau, 94700 Maisons-Alfort
Tél. 43 76 50 85
ACADÉMIE DE BILLARD DE SAINT-MAUR
34, avenue de la République
94100 Saint-Maur-des-Fossés
Tél. 48 83 59 44
ACADÉMIE DE BILLARD D'ARGENTEUIL
Salle Romain-Rolland, boulevard de la Résistance
95100 Argenteuil
Tél. 39 82 86 99
CLUB CULTUREL ET SPORTIF SAGEM
72, rue de la Tour-Billy, 95101 Argenteuil
Tél. 39 47 09 17
CLUB DE BILLARD AMÉRICAIN
La Caravelle, 1, avenue du Colonel-Fabien
78210 Saint-Cyr-l'École
Tél. 34 60 16 15
FOYER RURAL DE BEYNES
Salle Augustin-Tudole
Place du 8-Mai-1945, 78650 Beynes
Tél. 34 89 80 67
ANTONY SPORTS BILLARD
Centre municipal André-Malraux
1, avenue Léon-Harmel, 92160 Antony
Tél. 42 37 41 63
CLUB DE BILLARD AMÉRICAIN
Café *Le Relais du Château*
92, rue du Général-Leclerc, 95780 La Roche-Guyon
Tél. 34 79 70 52
UNION SPORTIVE D'AUVERS-SUR-OISE
Section Billard, mairie d'Auvers-sur-Oise
Place de l'Hôtel-de-Ville, 95430 Auvers-sur-Oise
Tél. 30 36 74 92
AMICAL SPORTIF CORMEILLAIS
Section Billard
43, rue de Paris, 95240 Cormeilles-en-Parisis
Tél. 39 78 14 16
ACADÉMIE BILLARD CLUB DE GARGES
11, rue François-Mansard, 95140 Garges-lès-Gonesse
Tél. 39 93 03 06

LIGUE DE CHAMPAGNE

BILLARD CLUB ARDENNAIS
1, rue Jules-Cardot, 08000 Charleville-Mézières
Tél. 24 56 31 75
BILLARD CLUB AIX-EN-OTHE - M.J.C.
Rue Maréchal-Foch, 10160 Aix-en-Othe
Tél. 25 46 62 53
BILLARD CLUB BAR-SUR-AUBE
Ancien collège
Boulevard de la République, 10200 Bar-sur-Aube
Tél. 25 28 81 70
ACADÉMIE DE BILLARD SAINT-FLAVY-MARIGNY
Café *Chez Dominique*
Saint-Flavy, 10350 Marigny-le-Châtel
BILLARD CLUB LOCHES-SUR-OURCE
Mairie, Loches-sur-Ource
10110 Bar-sur-Seine
Tél. 25 29 63 78

BILLARD CLUB NOGENT-SUR-SEINE
Café de l'Avenue
42, avenue Pasteur, 10400 Nogent-sur-Seine
Tél. 25 39 93 95
BILLARD CLUB PAYNS
Café du Centre
Payns, 10600 La Chapelle-Saint-Luc
Tél. 25 45 62 63
BILLARD CLUB DE TROYES
42, rue Edmond-Fariat, 10000 Troyes
Tél. 25 49 57 86
TAPIS VERT TROYEN
71, rue Edouard-Vaillant, 10000 Troyes
Tél. 25 83 11 02
BILLARD CLUB AY
Bar de l'Esplanade
62, boulevard Charles-de-Gaulle, 51160 Ay
Tél. 26 55 44 30
A.C. CHALONNAISE DE BILLARD
Maison des Sociétés, complexe Gérard-Philipe
19, avenue du Général-Sarrail
51000 Châlons-sur-Marne
Tél. 26 64 28 70
ÉPERNAY BILLARD CLUB
3, rue de la Cité, 51200 Épernay
Tél. 26 54 45 79
BILLARD CLUB DE GRAUVES
Grauves, 51190 Avize
Tél. 26 59 71 00
TAPIS VERT DE REIMS
25, rue du Jard, 51100 Reims
Tél. 26 40 00 02
RÉTRO VERTUSIEN
11, place Léon-Bourgeois, 51130 Vertus
Tél. 26 52 11 97

LIGUE DU NORD

BILLARD CLUB ANNŒULLIN
Ancienne école du Bol-d'Air, 59112 Annœulin
Tél. 20 85 70 53
BILLARD CLUB ANZIN
2, avenue Anatole-France, 59410 Anzin
Tél. 27 46 14 00
BILLARD CLUB BRUAY-SUR-ESCAUT
28, place Farineau, 59860 Bruay-sur-Escaut
Tél. 27 47 61 53
ACADÉMIE DE CAMBRAI
Base de Loisirs Citadelle, 59400 Cambrai
Tél. 27 81 05 63
BILLARD CLUB CAMBRAI
Café des Coqs Hardis
118, allée Saint-Roch, 59400 Cambrai
Tél. 27 81 58 04
BILLARD CLUB CAMPHIN-EN-PÉVÈLE
16, place de l'Église, Camphin-en-Pévèle
59780 Baisieux
Tél. 20 34 28 34
BILLARD CLUB DENAIN
G.E.M. Le Villards, 125, rue de Villards
59220 Denain
Tél. 27 44 31 56
BILLARD CLUB DOUAI
Château Treuffet, 59500 Douai
Tél. 27 96 06 36
U.S. DUNKERQUE
Piscine Asseman, 59140 Dunkerque
Tél. 28 66 91 83
BILLARD CLUB FERRIÈRE
3, avenue Clemenceau, 59680 Ferrière-la-Grande
Tél. 27 64 79 75
BILLARD CLUB FIVES
37, rue Pierre-Legrand, 59000 Fives-Lille
Tél. 20 56 87 69
BILLARD CLUB GRAVELINES
17, boulevard Salomé, 59820 Gravelines
Tél. 28 23 08 06
BILLARD CLUB HELLEMMES
275, rue Salengro, 59260 Hellemmes
Tél. 20 56 74 13
BILLARD CLUB HOUPLINES
221, rue Victor-Hugo, 59116 Houplines
Tél. 20 77 33 62
BILLARD CLUB DU CANON D'OR
296, rue de Lille, 59130 Lambersart
Tél. 20 55 21 65
M. CATEU BERNARD
94, rue Victor-Hugo, 59160 Lomme
BILLARD CLUB FONTENOY-LILLE
61, rue de Fontenoy, 59000 Lille
Tél. 20 52 73 61
OLYMPIQUE MARCQUOIS BILLARD
55, rue Delepierre, 59700 Marcq-en-Barœul
Tél. 20 74 86 00
BILLARD CLUB GARE ROUBAIX
1, place de la Gare, 59100 Roubaix
Tél. 20 70 82 86
BILLARD CLUB SAINT-POL-SUR-MER
Avenue Maurice-Berteaux
Salle municipale centre Romain-Rolland
59430 Saint-Pol-sur-Mer
Tél. 28 25 11 38
RÉTRO CLUB TOURCOING
123, rue Houchard, 59200 Tourcoing
Tél. 20 01 85 03
BILLARD FRANÇAIS DE VILLENEUVE-D'ASCQ
L.C.R. Jean-Vilar
Quartier de l'Hôtel-de-Ville, 59650 Villeneuve-d'Ascq
Tél. 20 56 68 80
BILLARD CLUB BREMOIS
Café du Commerce
Route de Guines, 62610 Ardres
Tél. 21 35 41 22
BILLARD CLUB ARRAGEOIS
14, rue Ferdinand-Buisson, 62000 Arras
Tél. 21 23 33 96
BILLARD CLUB AUCHY
Centre culturel et social
Rue Humblot, 62138 Auchy-les-Mines
Tél. 20 49 91 46 (M. Zadlo)
BILLARD CLUB AVION
Avenue Anatole-France
École maternelle Marie-Curie, 62210 Avion
Tél. 21 08 05 42
BILLARD CLUB BILLY-MONTIGNY
Stade Paul-Guerre, 62420 Billy-Montigny
Tél. 21 08 35 89
BILLARD CLUB CALAIS
18, rue de la Mer, 62100 Calais
Tél. 21 34 62 38
BILLARD CLUB VAUXHALL-CALAIS
120, rue du Vauxhall, 62100 Calais
Tél. 21 96 13 95
BILLARD CLUB CARVIN
École des Filles
4, route de Libercourt, 62220 Carvin
Tél. 21 74 06 44
BILLARD CLUB COULOGNE
2, rue des Hauts-Champs, 62137 Coulogne
Tél. 21 34 16 32
BILLARD CLUB LENS
Rue Jules-Ferry, école Maes, 62300 Lens
Tél. 21 43 18 62
BILLARD CLUB OUTREAU
85, rue Hippolyte-Adam, 62230 Outreau
Tél. 21 31 48 77
BILLARD CLUB CŒURS JOYEUX ROUVROY
93, rue du Général-de-Gaulle
62320 Rouvroy-sous-Lens
Tél. 21 20 05 81

LIGUE DE PICARDIE

BILLARD CLUB CHASSEMY
6, place de la Mairie
Chassemy, 02370 Vailly
Tél. 23 54 73 54
BOUZIER-CHAUNY BILLARD CLUB
43, rue du Général-Leclerc, 02300 Chauny
Tél. 23 52 15 36
BILLARD CLUB CHAUNOIS
9, quai Crozat, 02300 Chauny
Tél. 23 52 00 64
CHAUNY ACADÉMIE DE BILLARD
33, rue Émile-Zola, 02300 Chauny
Tél. 23 52 02 83
GRUGIES BILLARD CLUB
80, rue de Picardie, 02680 Grugies
Tél. 23 67 43 11
BILLARD CLUB LAON
161, rue Houssaye, 02000 Laon
Tél. 23 20 41 85
BILLARD CLUB SAINT-ÉLOI
02220 Mont-Notre-Dame
Tél. 23 54 81 95
BILLARD CLUB QUESSY
27, rue Pasteur, 02700 Quessy-Centre
Tél. 23 57 20 13
SAINT-QUENTIN BILLARD CLUB
6, rue Saint-Jacques, 02100 Saint-Quentin
Tél. 23 62 36 73
S.B. VAUDESSON
Rue Principale
02320 Vaudesson-Anizy-le-Château
Tél. 23 80 93 13
SOISSONS BILLARD CLUB
517, avenue de Reims
02200 Villeneuve-Saint-Germain
Tél. 23 53 74 64
BILLARD CLUB ATTICHY
2, place du Jeu-de-Paume, 60350 Attichy
Tél. 44.42.10.17
A.S. BEAUVAIS
10-12, rue Binche, 60000 Beauvais
Tél. 44 05 40 14
BILLARD CLUB BÉTHISY
Château de la Douye
Rue Lefevre-Lesueur, 60320 Béthisy-Saint-Pierre
Tél. 44 39 83 34
BILLARD CLUB BORNEL
59, rue Louis-Denoual, 60540 Bornel
Tél. 44 08 50 92
COMPIÈGNE RÉTRO
21, cours Guynemer, 60200 Compiègne
Tél. 44 23 34 03

U.S. CRÉPY
Salle des fêtes, rue Nationale
60800 Crépy-en-Valois
Tél. 44 59 11 30
BILLARD CLUB MÉRU
Rue Voltaire, 60110 Méru
Tél. 44 22 14 63
BILLARD CLUB MÉRY-LA-BATAILLE
Café de la Mairie, 18, rue du Capitaine-Ringwald
60420 Méry-la-Bataille
Tél. 44 51 08 10
BILLARD CLUB MONTATAIRE
Stade Marcel-Coene
Avenue Guy-Moquet, 60160 Montataire
Tél. 44 24 00 02
BILLARD CLUB MONTREUIL
Hôtel de la Croix-Blanche
Montreuil-sur-Breche, 60480 Froissy
Tél. 44 80 44 00
BILLARD CLUB SAINT-JUST
73, rue de la Libération
60130 Saint-Just-en-Chaussée
Tél. 44 78 52 06
BILLARD CLUB SENLIS
Rue Saint-Péravy, 60300 Senlis
Tél. 44 53 01 78
BILLARD CLUB NOYON-TARLEFESSE
60400 Tarlefesse
Tél. 44 09 05 09
U.S. VILLERS-SAINT-PAUL
Rue Albert-Thomas, 60870 Villers-Saint-Paul
Tél. 44 71 47 28
BILLARD CLUB LONGROY
7, rue Georges-Clemenceau, 76260 Longroy
Tél. 22 93 71 82 ou 22 93 74 64
ALBERT RÉTRO
9 *bis*, rue Philippe-Carette, 80300 Albert
Tél. 22 75 20 01
ALBERT U.A.B.A.
Café de la Rotonde
Place Émile-Leturcq, 80300 Albert
Tél. 22 75 42 73
AMIENS S.C.
219, route d'Abbeville, 80000 Amiens
Tél. 22 46 64 24
BILLARD CLUB BEAUQUESNE
Café Bouvier
Terraménil, 80600 Doullens
Tél. 22 32 98 19
BILLARD CLUB FORT-MAHON
Groupe scolaire
Rue des Écoles, 80790 Fort-Mahon-Plage
Tél. 22 23 42 41
BILLARD CLUB HARBONNIÈRES
Au coup franc
2, rue Raoul-Defruit, 80131 Harbonnières
Tél. 22 85 80 17
BILLARD CLUB PONT-DE-METZ
300, grande-rue du Petit-Saint-Jean, 80000 Amiens
Tél. 22 51 92 53
BILLARD CLUB MOLLIENS
Place Bernard-Dubois, 80540 Molliens-Dreuil
Tél. 22 90 78 12
BILLARD CLUB ROYE
Rue Émile-Zola, 80700 Roye
Tél. 22 78 57 70
BILLARD CLUB VIGNACOURT
Rue Godard-Dubuc, 80650 Vignacourt
Tél. 22 51 04 73 ou 22 52 92 19

LIGUE D'ALSACE

BILLARD CLUB SARREBOURGEOIS
22, avenue Fayolle, 57400 Sarrebourg
Tél. 87 03 31 00
BILLARD CLUB 60 BENFELD
Rue du Château, 67230 Benfeld
Tél. 88 74 33 19
BILLARD CLUB BISCHHEIM
6, rue Nationale, 67800 Bischheim
Tél. 88 83 22 35
ACADÉMIE DE BILLARD DAMBACH-LA-VILLE
1, rue de la Gare
67650 Dambach-la-Ville
Tél. 88 92 47 11
ACADÉMIE DE BILLARD ECKBOLSHEIM
5, rue du Général-Leclerc, 67200 Eckbolsheim
Tél. 88 78 52 16
BILLARD CLUB 35 ERSTEIN
94, rue du Général-de-Gaulle, 67150 Erstein
Tél. 88 98 03 70
BILLARD CLUB HAGUENAU
12, rue du Maréchal-Joffre, 67500 Haguenau
Tél. 88 73 30 88
BILLARD CLUB LINGOLSHEIM
1, rue des Tulipes, 67380 Lingolsheim
Tél. 88 78 09 29
BILLARD CLUB 55 NEUDORF
34, rue d'Altenheim, 67100 Strasbourg
Tél. 88 39 02 90
ACADÉMIE DE BILLARD SCHILTIGHEIM
18, rue d'Adelshoffen, 67300 Schiltigheim
Tél. 88 33 25 71
BILLARD CLUB 47 SÉLESTAT
Place du Marché-aux-Choux, 67600 Sélestat
Tél. 88 92 27 22
BILLARD CLUB 35 STRASBOURG
Rue Turenne, 67300 Schiltigheim
Tél. 88 33 60 06
AMIS DU TAPIS VERT
33, rue de la Kurvau, 67100 Strasbourg
Tél. 88 34 53 85
COLMAR BILLARD CLUB 71
38, rue de Turckheim, 68000 Colmar
Tél. 89 41 64 20
COLMAR RÉTRO CLUB
10, rue d'Orbey, 68000 Colmar
Tél. 89 41 51 47
BILLARD CLUB 32 GUEBWILLER
25, rue du Général-de-Lattre-de-Tassigny
68500 Guebwiller
Tél. 89 76 17 96
BILLARD CLUB MULHOUSE CITÉ
99, rue de Strasbourg, 68200 Mulhouse
Tél. 89 42 35 76
MULHOUSE FOOTBALL CLUB
Section Billard
27, rue Thénard, 68200 Mulhouse
Tél. 89 60 27 27
BILLARD CLUB NEUF-BRISACH
19, cité Suzonni, 68600 Neuf-Brisach
Tél. 89 72 81 32
BILLARD CLUB SAINT-LOUIS
École maternelle
Quartier Wallart, 68300 Saint-Louis
Tél. 89 69 46 61
BILLARD CLUB TIMKEN-COLMAR
23, rue du Chasseur, 68000 Colmar
Tél. 89 27 42 02

LIGUE DE FRANCHE-COMTÉ

BILLARD CLUB BEAUNOIS
Hôtel des Sociétés
8, rue du Collège, 21200 Beaune
Tél. 80 22 86 07
ACADÉMIE DE BILLARD DE LA FONTAINE-D'OUCHE
Centre social
2, allée du Roussillon, 21000 Dijon
Tél. 80 41 46 17
BILLARD CLUB WILSON
Café *Le Wilson*
9, rue de Longvic, 21000 Dijon
Tél. 80 66 65 93
BILLARD CLUB AUDINCOURTOIS
Rue des Vergers, 25400 Audincourt
Tél. 81 35 58 37
BESANÇON UNIVERSITÉ CLUB
Section Billard université de Besançon
Gymnase de la Boloire
Rue Laplace, 25000 Besançon
Tél. 81 50 17 15
BILLARD CLUB DOLOIS
189, avenue de Landon, 39100 Dole
Tél. 84 82 41 96
BILLARD CLUB DE LANGRES
Café du Jardin, 24, rue Diderot, 52200 Langres
Tél. 25 87 03 56
BILLARD CLUB SCEYCOLAIS
Café des Sports, Grande-Rue, 70360 Scey-sur-Saône
Tél. 84 74 10 65
BILLARD CLUB DE VESOUL
Café *Les Terrasses*
60, boulevard des Alliés, 70000 Vesoul
Tél. 84 75 02 11
BILLARD CLUB VOLTAIRE
Brasserie *Voltaire*
48, rue Voltaire, 90000 Belfort
Tél. 84 21 59 91
CERCLE DE BILLARD BELFORTAIN
23 *bis*, rue Victor-Hugo, 90000 Belfort
Tél. 84 22 05 49

LIGUE DE LORRAINE

BILLARD CLUB FRIGNICOURT
Rue du Coton, 51300 Frignicourt
Tél. 26 74 00 89
BILLARD CLUB DERVOIS
Rue Audiffred, 52220 Montier-en-Der
Tél. 25 04 22 88
BILLARD CLUB BRAGARD
14, rue de Vergy, 52100 Saint-Dizier
Tél. 29 06 27 98
M.J.C. SECTION BILLARD
Quartier de l'Espérance
Moineville, 54580 Auboué
Tél. 82 46 24 70 ou 82 46 60 64
RÉTRO CLUB CHALIGNY
607, rue Edmond-Pintier, 54230 Chaligny
Tél. 83 47 09 75
BILLARD CLUB DIEULOUARD
Centre socio-culturel
Rue de la Chavée, 54380 Dieulouard
Tél. 83 23 58 66
BILLARD CLUB HOMÉCOURT
École Jean-Jaurès, rue Pasteur, 54310 Homécourt
Tél. 82 46 90 09

ACADÉMIE DE BILLARD DE LAXOU
C.I.L.M. Champ-le-Bœuf
2, rue de la Meuse, 54520 Laxou
Tél. 83 98 64 11
BILLARD CLUB LONGWY
École Marie-Loizillon
Rue de la Forêt, 54350 Mont-Saint-Martin
Tél. 82 24 38 00
ACADÉMIE DE BILLARD DE NANCY
7, place Stanislas, 54000 Nancy
Tél. 83 37 03 84
BILLARD CLUB NEUVES-MAISONS
1, rue Aristide-Briand, 54230 Neuves-Maisons
Tél. 83 47 47 45
BILLARD CLUB PAGNOTIN
Maisons pour Tous
Rue de la Victoire, 54530 Pagny-sur-Moselle
Tél. 83 81 50 01
BILLARD CLUB PIENNOIS
B.P. 37, 54490 Piennes
BILLARD CLUB MUSSIPONTAIN
Maison des sports
Avenue Guynemer, 54700 Pont-à-Mousson
Tél. 83 81 01 41
BILLARD CLUB TOULOIS
4, place du Couarail, 54200 Toul
Tél. 83 43 20 75
BILLARD CLUB BARISIEN
2, rue du Chanoine-Monflier, 55000 Bar-le-Duc
Tél. 29 76 27 01
ACADÉMIE DE BILLARD DE COMMERCY
Ex-école normale
Rue du Breuil, 55200 Commercy
Tél. 29 91 27 29
BILLARD CLUB LINÉEN
22, rue du Maréchal-de-Luxembourg
55500 Ligny-en-Barrois
Tél. 29 78 84 54
BILLARD CLUB SAINT-MIHIEL
1, rue du Palais-de-Justice
55300 Saint-Mihiel
Tél. 29 89 03 49
S.A. VERDUN
Section Billard, Ancienne école
Regret, 55100 Verdun
Tél. 29 84 40 94
BILLARD CLUB ALGRANGE
École Chemin-des-Dames, 57440 Algrange
Tél. 82 84 30 25
BILLARD CLUB AUDUN-VILLERUPT
Rue Salvador-Allende, 57390 Audun-le-Tiche
Tél. 82 52 11 65
BILLARD CLUB BAN SAINT-MARTIN
5, avenue du Général-de-Gaulle
57050 Le Ban-Saint-Martin
Tél. 87 30 27 75
BILLARD CLUB GANDRANGE
École Blanchet
Place J. Wieden-Keller, 57120 Gandrange
Tél. 87 58 16 71 (M. Brenner)
E.S. HAGONDANGE
Salle des sports Paul-Lemm, 57300 Hagondange
Tél. 87 71 55 36
BILLARD CLUB KNUTANGE
5, rue Naumann, 57240 Knutange
Tél. 82 54 29 63
BILLARD CLUB LONGEVILLOIS
68, rue du Général-de-Gaulle, 57050 Longeville
Tél. 87 60 22 28
BILLARD CLUB MARSPICH
89, rue Pierre-Mendès-France
57700 Hayange-Marspich
Tél. 82 84 79 46
BILLARD CLUB METZ
2, rue Paul-Chevreux, 57050 Metz
Tél. 87 30 34 30
BILLARD CLUB MONTIGNY-MOULINS
9, rue de Nancy, 57160 Moulins-lès-Metz
Tél. 87 60 57 40
BILLARD CLUB MOYEUVRE
40, rue Foch, 57250 Moyeuvre-Grande
Tél. 87 58 78 34
ACADÉMIE DE BILLARD NILVANGE
École Schweitzer
25, rue Joffre, 57240 Nilvange
Tél. 82 84 66 73
BILLARD CLUB PETITE-ROSSELLE
Rue A, 57540 Petite-Rosselle
Tél. 87 85 97 93
BILLARD CLUB SARREGUEMINES
19, rue Poincaré, 57200 Sarreguemines
Tél. 87 98 34 19
A.J.B. THIONVILLE
24, rue de la Vieille-Porte, 57100 Thionville
Tél. 82 53 62 10
BILLARD CLUB VIC-SUR-SEILLE
Café Terminus
32, rue Meynier, 57170 Vic-sur-Seille
Tél. 87 01 40 68
BILLARD CLUB ÉLOYES
3, rue de l'Église, 88150 Éloyes
Tél. 29 32 40 07
BILLARD CLUB ÉPINAL
15, rue de Nancy, 88000 Épinal
Tél. 29 64 10 60
BILLARD CLUB GÉROMOIS
joue au B.C. de Saint-Étienne-les-Remiremont
8, rue du Lac, 88400 Gérardmer
Tél. 29 63 36 19
BILLARD CLUB NÉOCASTRIEN
Café de la Poste
Avenue Kennedy, 88300 Neufchâteau
Tél. 29 94 03 58
S.R. DÉODATIENS
Section Billard
Foyer des jeunes travailleurs-Kellerman
88100 Saint-Dié
Tél. 29 50 83 14
BILLARD CLUB STÉPHANOIS
Ancienne mairie
88200 Saint-Étienne-les-Remiremont
Tél. 29 23 14 75

LIGUE DE BRETAGNE

BILLARD CLUB DINANNAIS
Rue Chauffepied, 22100 Dinan
Tél. 96 39 47 93
A.S.P.T.T. LANNION
Route de Trégastel, 22300 Lannion
Tél. 96 38 38 21
BILLARD CLUB BRIOCHIN
4, rue Curie, 22000 Saint-Brieuc
Tél. 96 62 12 92
AMICALE BRESTOISE DE BILLARD
35, rue Duperré, 29200 Brest
Tél. 98 46 13 30
BILLARD CLUB BRESTOIS
39, rue de la République, 29200 Brest
Tél. 98 44 10 15
ACADÉMIE MORLAISIENNE DE BILLARD
31, place des Otages, 29210 Morlaix
Tél. 98 88 20 25
BILLARD CLUB DU CAP
Impasse des Capucines, Lescoff, 29151 Plogoff
Tél. 98 70 60 87
ACADÉMIE DE BILLARD DE RENNES CESSON
84 *bis*, rue Auguste-Pavie, 35510 Cesson-Sévigne
Tél. 99 51 58 26
ACADÉMIE DE BILLARD
JEANNE-D'ARC DE SAINT-MALO
17, boulevard Gouazon, 35400 Saint-Malo
Tél. 99 82 12 83
BILLARD DE BASSE-BRETAGNE
Impasse Jean-Pierre-Calloch, 56600 Lanester
Tél. 97 76 44 51
BILLARD CLUB LORIENTAIS
3, rue du Ter, 56100 Lorient
Tél. 97 37 31 86

LIGUE DE NORMANDIE

ACADÉMIE DE BILLARD CAEN-II
43, quai de Juillet, 14000 Caen
Tél. 31 84 76 13
CLUB DE BILLARD CAEN-I
40, quai Vandeuvre, 14000 Caen
Tél. 31 86 32 59
BILLARD CLUB LEXOVIEN
9, boulevard Pasteur, 14100 Lisieux
Tél. 31 63 30 28
SOCIÉTÉ DE BILLARD DE BERNAY
Rue Jean-Philippe-Bréant, 27300 Bernay
Tél. 32 43 45 61
BILLARD CLUB COURCELLOIS
3, route des Andelys, 27940 Courcelles
Tél. 32 53 01 72
BILLARD CLUB EBROICIEN
M.J.C., avenue Aristide-Briand, 27000 Évreux
Tél. 32 33 17 55
BILLARD CLUB GISORCIEN
Place des Abattoirs, 27140 Gisors
Tél. 32 55 07 88
BILLARD CLUB ANDELYSIEN
Immeuble Lecoq
25, avenue de la République, 27700 Les Andelys
Tél. 32 21 20 77
BILLARD AMICAL CLUB LOVERIEN
3, rue Saint-Jean, 27400 Louviers
Tél. 32 59 64 63
BILLARD CLUB PACÉEN
12, rue Montferrand, 27120 Pacy-sur-Eure
Tél. 32 36 06 33
UNION SPORTIVE RUGLOISE
Section Billard, 27250 Rugles
Tél. 32 24 74 17
ASSOCIATION SPORTIVE DE SAINT-MARCEL
Section Billard, mairie de Saint-Marcel, 27200 Saint-Marcel
Tél. 32 51 15 89
CENTRE D'ANIMATION DE GOUVILLE-SUR-MER
Section Billard
Rue de l'Ancienne-Poste, 50560 Gouville-sur-Mer
Tél. 33 47 86 95
BILLARD CLUB ÉQUEURDREVILLE
Mairie, avenue du 8-Mai, 50120 Équeurdreville
Tél. 33 93 94 81

ÉTOILE SPORTIVE TORIGNAISE DE BILLARD FRANÇAIS
Château de Torigny-sur-Vire
Place du Château, 50160 Torigny-sur-Vire
Tél. 33 56 71 44
NOUVELLE ACADÉMIE DE BILLARD D'ELBEUF
43, rue Jean-Jaurès, 76500 Elbeuf
Tél. 35 77 13 06
ACADÉMIE HAVRAISE DE BILLARD AMATEUR
5, quai de Southampton, 76600 Le Havre
Tél. 35 42 59 73
BILLARD SPORTIF DE PETIT-QUEVILLY
27, avenue Jean-Jaurès, 76140 Petit-Quevilly
Tél. 35 73 46 43
BILLARD CLUB SAINT-NICOLAS
7, rue d'Arques, 76510 Saint-Nicolas-d'Aliermont
Tél. 35 85 98 41
BILLARD CLUB ROUENNAIS
13-15, quai de Paris, 76000 Rouen
Tél. 35 88 54 19
BILLARD CLUB SOTTEVILLAIS
293, rue de Paris, 76300 Sotteville-lès-Rouen
Tél. 35 72 82 39
BILLARD CLUB DIEPPOIS
5, rue du Cœur-Couronné, 76200 Dieppe
Tél. 35 84 01 13

LIGUE DES PAYS DE LOIRE

BILLARD CLUB BAULOIS
9, avenue de Rozières, 44500 La Baule
Tél. 40 24 63 05
ACADÉMIE MUNICIPALE DE BILLARD
51, boulevard de l'Égalité, 44100 Nantes
Tél. 40 46 66 54
BILLARD CLUB LES LILAS
Restaurant *Les Lilas*, 6, rue de Vannes, 44100 Nantes
Tél. 40 76 97 87
BILLARD CLUB NANTAIS
Académie du Petit-Port
Boulevard du Petit-Port, 44300 Nantes
ACADÉMIE DE BILLARD REZÉEN
50, rue de la Commune-1871, 44400 Rezé
Tél. 40 75 65 07
BILLARD CLUB D'ORVAULT
Restaurant des Jonquilles
10, place de l'Église, 44700 Orvault
Tél. 40 63 01 87
BILLARD CLUB BRÉVINOIS
Hôtel de la Forêt, Place d'Ouessant
44250 Saint-Brévin-l'Océan
Tél. 40 27 33 72
BILLARD CLUB TAPIS VERT ANGEVIN
Cercle Saint-Serge
40, rue de la Chalouère, 49000 Angers
Tél. 41 87 36 63
BILLARD CLUB JEUNE FRANCE
47, rue André-Darmaillacq, 49300 Cholet
Tél. 41 62 28 80
L'ÉNERGIE BILLARD CLUB
24, rue Honoré-Neveu, 49122 Le May-sur-Evre
Tél. 41 63 25 81
ENTENTE SPORTIVE SEGRÉENNE DE BILLARD
Rue du Pinelier, 49500 Segré
Tél. 43 92 81 84
BILLARD CLUB FRANCS-ARCHERS
13, rue André-Bellesort, 53000 Laval
Tél. 43 53 03 80

BILLARD CLUB DES BATIGNOLLES
69, rue d'Arnage, 72100 Le Mans
Tél. 43 84 24 39
ACADÉMIE DE BILLARD FONTENAYSIENNE
12, rue Belesbat, 85200 Fontenay-le-Comte
Tél. 51 69 95 15
BILLARD CLUB YONNAIS
4, rue Georges-Clemenceau
85000 La Roche-sur-Yon
Tél. 51 37 00 58
MONTAIGU BILLARD CLUB
Parc des Rochettes
19, avenue Villebois-Mareuil, 85600 Montaigu
Tél. 51 94 05 35
BILLARD CLUB DES OLONNES
Salle polyvalente Jean-de-la-Fontaine
Rue Pasteur, 85340 Olonne-sur-Mer
Tél. 51 90 76 54

LIGUE CENTRE-AUVERGNE

BILLARD CLUB BOURBONNAIS
20, rue de la Burge, 03160 Bourbon-Archambault
Tél. 70 67 12 28
BILLARD CLUB MONTLUÇONNAIS
Hôtel de l'Allier
Quai Rouget-de-l'Isle, 03100 Montluçon
Tél. 70 05 06 40
BILLARD CLUB MOULINOIS
Foyer Saint-Exupéry
37, rue de Décre, 03000 Moulins
Tél. 70 44 32 19
BILLARD CLUB VICHYSSOIS
Le Carlton
28, rue du Président-Wilson, 03200 Vichy
Tél. 70 98 21 27
S.C.B. BOURGES
Pub Relax des Gibjoncs
Avenue de Lattre-de-Tassigny, 18000 Bourges
Tél. 48 70 52 61
C.A.B.E. CHATEAUROUX
3, rue d'Auvergne, 36000 Châteauroux
Tél. 54 34 06 71
C.A.B. ISSOLDUNOIS
Centre Jardon, 18, rue du 4-Août, 36100 Issoudun
Tél. 54 21 20 24
BILLARD CLUB BRIVADOIS
3, boulevard Docteur-Devins, 43100 Brioude
Tél. 71 50 17 97
U.C.S. BILLARD
7, avenue du 85e, 58200 Cosne-sur-Loire
Tél. 86 26 64 78
ACADÉMIE DE BILLARD FOURCHAMBAULT
Hôtel du Berry
2, route de Nevers, 58600 Fourchambault
Tél. 86 58 84 26
BILLARD CLUB NEVERSOIS
50, avenue du Général-de-Gaulle, 58000 Nevers
Tél. 86 57 30 12
BILLARD CLUB CLERMONTOIS
Maison des sports
Place des Bughes, 63000 Clermont-Ferrand
Tél. 73 93 92 19
BILLARD CLUB ÉLOYSIEN
Café du Commerce
174, rue Jean-Jaurès, 63700 Saint-Éloy-les-Mines
Tél. 73 85 47 05

LIGUE DU FOREZ ET VELAY

BILLARD CLUB DE FIRMINY
C.L.C.S., 29, rue des Noyers, 42700 Firminy
Tél. 77 56 13 32
BILLARD CLUB DE GRAND'CROIX
2 *bis*, rue Louis-Pasteur, 42320 La Grand'Croix
Tél. 77 31 79 09
TAPIS VERT ROANNAIS
11, rue Brison, 42300 Roanne
Tél. 77 72 67 88
BILLARD CLUB DE SAINT-CHAMOND
23, rue Gallieni, 42400 Saint-Chamond
Tél. 77 31 92 13
BILLARD CLUB INDÉPENDANT
4, rue André-Malraux, 42000 Saint-Étienne
Tél. 77 37 89 28
BILLARD CLUB RÉUNIS
Café du Jura
22, rue du Grand-Gonnet, 42000 Saint-Étienne
Tél. 77 32 98 34
BILLARD CLUB STÉPHANOIS
8, rue de la République, 42000 Saint-Étienne
Tél. 77 32 65 20

LIGUE DE L'ORLÉANAIS

AMIS DU TAPIS VERT VIERZONNAIS
16 *bis*, rue Gourdon, 18100 Vierzon
Tél. 48 75 03 00
BILLARD CLUB CHARTRAIN
52, rue du Grand-Faubourg, 28000 Chartres
Tél. 37 21 53 40 (M. Bourinet Pdt)
AMICALE BILLARD CLUB DREUX
Hôtel *Le Colmar*
58, rue du Bois-Sabot, 28100 Dreux
Tél. 37 46 52 25
BILLARD CLUB LOUPÉEN (06)
24, rue Pierre-Gauquelin, 28240 La Loupe
Tél. 37 81 20 10
AMICALE DE LUCÉ
École Maurice-Violette
Impasse Charles-Brune, 28110 Lucé
Tél. 37 35 75 56
BILLARD CLUB D'AMBOISE
11, rue du Cardinal-Georges-d'Amboise
37400 Amboise
Tél. 47 57 11 21
BILLARD CLUB DE CHANCEAUX-SUR-CHOISILLE
8, rue de la Mairie, 37390 Chanceaux-sur-Choisille
Tél. 47 41 43 59
BILLARD CLUB JOCONDIEN
Bar *Le Tivoli*, Pont-Cher, 37300 Joué-les-Tours
Tél. 47 67 52 79
BILLARD CLUB DE LANGEAIS
Foyer communal
Place Léon-Berger, 37130 Langeais
Tél. 47 96 63 75
ASSOCIATION SPORTIVE DU RIPAULT
Section Billard, Le Ripault, 37260 Monts
Tél. 47 26 77 00
BILLARD CLUB LOCHOIS
Café des Arts, 4, place du Blé, 37600 Loches
Tél. 47 59 00 04
BILLARD CLUB DE PARÇAY-MESLAY
Mairie, rue de la Mairie
Parçay-Meslay, 37210 Vouvray
Tél. 47 51 35 49

BILLARD CLUB SAINT-MAURIEN
Café de la Ville
8, rue A. Chevalier, 37800 Saint-Maure-de-Touraine
Tél. 47 65 42 24
BILLARD CLUB COLBERT-SAINT-PIERRE
Brasserie de l'Univers, 108, rue Pierre-Sémard
37700 Saint-Pierre-des-Corps
Tél. 47 44 20 94
BILLARD CLUB TOURANGEAU
Centre des Halles — salle 101
Place Gaston-Pailhou, 37000 Tours
Tél. 47 38 55 74
ACADÉMIE DE BILLARD DU C.A.S.L.
3, route d'Orléans
Saint-Laurent-Nouan, 41220 La-Ferté-Saint-Cyr
Tél. 54 87 21 49
BILLARD CLUB DE NOYERS-SUR-CHER
Station Shell
Saint-Romain-sur-Cher, 41140 Noyers-sur-Cher
Tél. 54 71 70 39
BILLARD CLUB ROMORANTINAIS
Salle municipale, avenue de Paris, 41200 Romorantin
Tél. 54 76 31 94
ENTENTE BILLARD DE SALBRIS
Café de la Sologne
1, avenue de Belleville, 41300 Salbris
Tél. 54 97 00 67
BILLARD CLUB DE SAINT-VIATRE
Hôtel du Lion d'Or, 41210 Saint-Viatre
Tél. 54 88 93 19
BILLARD CLUB VENDOMOIS
Salle municipale, rue Saint-Denis, 41100 Vendôme
Tél. 54 82 00 15
BILLARD CLUB
DU MOULIN-ROUGE BEAUGENCY
2, rue de la Bonde, 45190 Beaugency
Tél. 38 44 57 50
BILLARD CLUB BRIARE
2, rue Saint-Roch, 45250 Briare
Tél. 38 31 21 37
BILLARD CLUB L'AVENIR DE COURTENAY
21, place Armand-Chesnau, 45320 Courtenay
Tél. 38 97 36 22
AMICALE BILLARD DE JARGEAU
23, rue de l'Écho, 45150 Jargeau
Tél. 38 59 05 83
BILLARD CLUB DE MONTARGIS
19, rue Dom-Pèdre, 45200 Montargis
Tél. 38 98 16 81
A.M.B. D'ORLÉANS
Galeries Halles-Châtelet, 45000 Orléans
Tél. 38 54 03 81
C.A.B. LA SOURCE
Salle de la Bolière
Rue Henri-Poincaré, 45100 Orléans-la-Source
Tél. 38 63 51 73
CLUB ATHLÉTIQUE RENAULT
15, avenue Georges-Clemenceau
45140 Saint-Jean-de-la-Ruelle
Tél. 38 88 38 20
A.M.B. PITHIVIERS
9, place Denis-Poisson, 45300 Pithiviers
Tél. 38 30 45 54
SECTION BILLARD DU STADE AUXERROIS
14, boulevard Vaulabelle, 89000 Auxerre
Tél. 86 51 36 62
BILLARD CLUB DE CHARNY
Café de l'Étoile, 89120 Charny
Tél. 86 63 66 21
BILLARD CLUB DE SENS
14, rue de la Grande-Juiverie, 89100 Sens
Tél. 86 65 26 43
BILLARD CLUB D'ANGERVILLE
68, rue Nationale, 91670 Angerville
Tél. 64 95 22 37
A.M.B. ARPAJON
4, rue Henri-Barbusse, 91290 Arpajon
Tél. 60 84 39 12

LIGUE DU CENTRE-SUD-OUEST

BILLARD CLUB ANGOUMOISIN
Maison des Associations
84, rue Montauzier, 16000 Angoulême
Tél. 45 91 31 96
BILLARD CLUB COGNAÇAIS
5, rue des Cordeliers, 16100 Cognac
Tél. 45 35 11 95
BILLARD CLUB CORRÉZIEN
Mairie de Vars-sur-Roseix, 19130 Objat
Tél. 55 25 85 15
ACADÉMIE DE BILLARD CYRANO
14, rue Pozzi, 24100 Bergerac
Tél. 53 63 12 70
CLUB DES AMIS DU BILLARD BERGERAÇOIS
Hôtel de Provence
2, place Clairat, 24100 Bergerac
Tél. 53 57 12 88
BILLARD CLUB BRANTOMAIS
Bar du Marché
16, rue Victor-Hugo, 24310 Brantome
Tél. 53 54 80 44
BILLARD CLUB MONTPONNAIS
Maison municipale
Rue Foix-de-Candalle, 24700 Montpon-Ménestérol
Tél. 53 82 21 84
BILLARD CLUB PÉRIGOURDIN
Café Vessat
16, rue Claude-Bernard, 24000 Périgueux
Tél. 53 53 49 47
BILLARD CLUB THIBÉRIEN
Hôtel des Voyageurs, 24800 Thiviers
Tél. 53 55 02 81
BILLARD CLUB ARCACHONNAIS
Casino de la Plage, 33120 Arcachon
Tél. 56 54 40 20
BILLARD BORDELAIS
Café *Le Trinquet*
363, rue Georges-Bonnac, 33000 Bordeaux
Tél. 56 96 65 41
S.C. BIL. BORDEAUX MÉRIADECK
173-175, rue Georges-Bonnac, 33000 Bordeaux
Tél. 56 24 06 29
BILLARD CLUB LORMONTAIS
Café de la Gironde
5, place Auberny, 33310 Lormont
Tél. 56 06 22 18
U.S. & CULTURELLE DE LA MONNAIE
Voie Romaine - Parc industriel, 33600 Pessac
Tél. 56 36 44 01
BISCARROSSE BILLARD CLUB
Hôtel *Le Relais*
12, avenue Maréchal-Lyautey, 40600 Biscarrosse
Tél. 58 78 10 46
ACADÉMIE DACQUOISE DE BILLARD
42 *bis*, boulevard Claude-Lorrin, 40100 Dax
Tél. 58 90 02 53
BILLARD CLUB MONTOIS
Café *Le Central*
34, rue Gambetta, 40000 Mont-de-Marsan
Tél. 58 75 30 64
BILLARD CLUB DE L'AGENAIS
Café Foy, Place Jasmin, 47000 Agen
Tél. 58 47 20 45
ACADÉMIE DE BILLARD DE PAU
Casino municipal, 64000 Pau
Tél. 59 02 53 09
CLUB AIXOIS DE BILLARD
48 *bis*, rue du Président-Wilson
87700 Aixe-sur-Vienne
Tél. 55 70 01 82
ACADÉMIE DE BILLARD CARNOT-MARCEAU
2, rue Gouffier-de-Lastours, 87100 Limoges
Tél. 55 77 27 88
BILLARD CLUB LEGRAND-ISOCERAM
100, rue des Vignes, 87350 Panazol
Tél. 55 30 57 65
U.S. SAINT-JUNIEN
15, faubourg Gaillard, 87200 Saint-Junien
Tél. 55 02 08 09

LIGUE POITOU-CHARENTES

BILLARD CLUB BOURCEFRANC
Bar de la Marine
68, rue Jean-Jaurès, 17560 Bourcefranc
Tél. 46 85 02 47
BILLARD CLUB TOUVENT
Le Relais, Touvent-Bouténac, 17120 Cozes
Tél. 46 90 63 06
BILLARD CLUB JONZAÇAIS
Bourg-Nouveau, 17500 Jonzac
Tél. 46 48 30 29
BILLARD CLUB LA ROCHELLE
29, rue Debussy, 17000 La Rochelle
Tél. 46 41 15 22
BILLARD CLUB ROCHEFORT
2, rue Bégon, 17300 Rochefort
Tél. 46 99 90 60
BILLARD CLUB SAINTAIS
2, rue Gallieni, 17100 Saintes
Tél. 46 74 13 93
ACADÉMIE DE BILLARD DU HAUT VAL DE SÈVRES
19, rue de l'Audience, 79400 Saint-Maixent-l'École
Tél. 49 05 77 91
BILLARD CLUB SAINT-GEORGES-DE-DIDONNE
Stade municipal, rue du Docteur-Modet
17110 Saint-Georges-de-Didonne
Tél. 46 05 74 66
BILLARD CLUB SAINT-JEAN-D'ANGELY
12, place du 18-Juin-1940, 17400 Saint-Jean-d'Angely
Tél. 46 32 42 90
BILLARD OLÉRON CLUB
Rue Patoiseau-Guillonneau
17310 Saint-Pierre-d'Oléron
Tél. 46 47 02 60
BILLARD CLUB SAUJON
Place de l'Église, 17600 Saujon
Tél. 46 02 84 04
BILLARD CLUB MAGNE
Café *Le Canon d'Or*, 79270 Magne
Tél. 49 75 71 86
BILLARD CLUB PICTAVE
119, avenue de Nantes, 86000 Poitiers
Tél. 49 58 65 74

LIGUE PYRÉNÉES-GASCOGNE

BILLARD CLUB FUXÉEN
Boulevard Capdeville, 09000 Foix
Tél. 61 65 33 23
LAROQUE BILLARD CLUB
Café du Centre
33, rue de l'Hôtel-de-Ville
09600 Laroque-d'Olmes
Tél. 61 01 04 03
BILLARD CLUB DES PAMIERS
Maison de la jeunesse et de la culture
Place de Verdun, 09100 Pamiers
Tél. 61 68 01 78
BILLARD CLUB DU COUSERANS
Rue de l'Horloge, 09190 Saint-Lizier
BILLARD CLUB AUTERIVAIN LE GARDEN
5, rue Ferdinand-Buisson, 31190 Auterive
Tél. 61 50 61 38
BLAGNAC BILLARD CLUB
2, rue du Vieux-Moulin, 31700 Blagnac
Tél. 61 71 40 25
BILLARD CLUB SAINT-GAUDINOIS
35, boulevard Charles-de-Gaulle
31800 Saint-Gaudens
Tél. 61 89 05 13
ACADÉMIE DE BILLARD « LE RÉTRO »
158, route de Bayonne, 31300 Toulouse
Tél. 61 49 69 29
BILLARD CLUB DES MAZADES
Centre culturel
Avenue des Mazades, 31200 Toulouse
Tél. 61 47 68 04
CONTI BILLARD CLUB SQUASH CAPITOLE
43, rue Gambetta, 31000 Toulouse
Tél. 61 22 83 00
TOULOUSE BILLARD CLUB
1, boulevard du Maréchal-Leclerc
31000 Toulouse
Tél. 61 21 22 48
CAHORS BILLARD CLUB
Brasserie *Le Bordeaux*
Boulevard Gambetta, 46000 Cahors
Tél. 65 35 20 05
BILLARD CLUB AUREILHANNAIS
82, avenue Jean-Jaurès, 65800 Aureilhan
Tél. 62 36 80 71
BILLARD CLUB TARBAIS
72 *bis*, avenue Joffre, 65000 Tarbes
Tél. 62 93 13 92
BILLARD CLUB ALBIGEOIS U.S.S.P.A.
Rue de la Poudrière, 81000 Albi
Tél. 63 54 21 54
BILLARD CLUB LÉO-LAGRANGE
Domaine de la Verrerie, 81400 Carmaux
Tél. 63 76 55 59
BILLARD CLUB CASTRAIS
Bar *Henri-V*
Centre commercial d'Aillot, 81100 Castres
Tél. 63 35 12 04
ACADÉMIE DE BILLARD MONTAUBAN
Maison de la culture
2, rue du Collège, 82000 Montauban
Tél. 63 63 74 10
ACADÉMIE DE BILLARD MARIO TURU
Euro Seleccions, 103, avenida Verge de Canolich
San Julia de Loria
Principauté d'Andorre
Tél. 078 42867

LIGUE COTE D'AZUR

CLUB DES JEUNES D'ANTIBES-JUAN-LES-PINS
72, boulevard Wilson, 06600 Antibes
Tél. 93 61 74 68
BILLARD CLUB CAGNOIS
7, rue Pasqualini, 06800 Cagnes-sur-Mer
Tél. 93 22 50 60
ACADÉMIE DE BILLARD DE CANNES
Complexe sportif Montfleury
23, avenue Beauséjour, 06400 Cannes
Tél. 93 99 58 49
ACADÉMIE DE BILLARD DE MENTON
Palais de l'Europe, avenue Boyer, 06500 Menton
Tél. 93 57 31 37
BILLARD CLUB DE NICE
Stade du Ray, avenue du Ray, 06000 Nice
Tél. 93 84 49 13
BILLARD CLUB DE VENCE
Résidence Estoril
Avenue Rhin-et-Danube, 06140 Vence
Tél. 93 24 26 05
BILLARD CLUB BASTIAIS
1, rue Luce-de-Casabianca, 20200 Bastia
Tél. 95 31 55 97
ACADÉMIE DE BILLARD
DE FRÉJUS-SAINT-RAPHAËL
Le Candy, avenue du Président-René-Coty
83700 Saint-Raphaël
Tél. 94 83 14 71

LIGUE DU LANGUEDOC-ROUSSILLON

BILLARD CLUB CARCASSONNAIS
La Rotonde
13, boulevard Omer-Sarrault, 11000 Carcassonne
Tél. 68 25 02 37
BILLARD CLUB CHAURIEN
5, rue de la Miséricorde, 11400 Castelnaudary
Tél. 68 23 00 97
BILLARD CLUB DE COUIZA
11190 Couiza
BILLARD CLUB NARBONNAIS
Parc municipal des sports de l'Égassiéral
11100 Narbonne
Tél. 68 42 19 22
SPORTING CLUB GEORGE-SAND
Galerie George-Sand, 30000 Nîmes
Tél. 66 01 20 95
SPORTING BILLARD CLUB NIMOIS
11, square de la Couronne, 30000 Nîmes
Tél. 66 67 09 98
ACADÉMIE AGATHOISE DE BILLARD
Bulle d'accueil du Cap, 34300 Le Cap-d'Agde
Tél. 67 26 42 43
BILLARD CLUB LUNELLOIS
31, rue Max-Dormoy, 34400 Lunel
Tél. 67 71 05 94
BILLARD CLUB MONTPELLIERAIN
Hôtel d'Angleterre
7, rue Maguelone, 34000 Montpellier
Tél. 67 58 59 50
BILLARD CLUB PISCENOIS
Idéal Bar, 4, rue Anatole-France, 34120 Pézenas
Tél. 67 98 13 90
BILLARD CLUB DE POUSSAN
Place de l'Église, route de Montpellier
Poussan, 34140 Mèze
ASSOCIATION EURO-CULTURELLE BILLARD
26, rue Honoré-Euzet, 34200 Sète
Tél. 67 74 86 71
BILLARD CLUB CATALAN
3, rue des Grandes-Fabriques, 66000 Perpignan
Tél. 68 34 42 18
BILLARD CLUB CARNONNAIS
Saint-Marc n° 3, 34280 Carnon

LIGUE DU LYONNAIS

BILLARD CLUB GESSIEN
Place de la Mairie, 01170 Segny-sur-Gex
Tél. 50 41 99 14
BILLARD CLUB VALLONNAIS
Bar *Le Clos Charmant*, 07150 Vallon-Pont-d'Arc
Tél. 75 37 03 39
BILLARD CLUB DE VALENCE
22, rue Jean-Jaurès, 26000 Valence
Tél. 75 59 55 15
BILLARD CLUB GRENOBLOIS
34, quai de France, 38000 Grenoble
Tél. 76 87 36 80
BILLARD CLUB PONTOIS
10, rue de la République, 38230 Pont-de-Chéruy
Tél. 78 32 12 58
BILLARD CLUB BELLECOUR
15, place Bellecour, 69002 Lyon
Tél. 78 37 64 00 ou 78 42 72 91
ACADÉMIE DE BILLARD DE LYON
31, rue de la Martinière, 69001 Lyon
Tél. 78 27 01 59
CERCLE DES CHEFS D'ATELIER
26, rue de Crimée, 69001 Lyon
Tél. 78 28 17 85
BILLARD CLUB OULLINOIS
8, place Anatole-France, 69600 Oullins
Tél. 78 51 04 07
ACADÉMIE DE BILLARD
DE BOURGOIN-JALLIEU
Place Jacquart, 38300 Bourgoin-Jallieu
BILLARD CLUB DE VILLEFRANCHE
Salle des sports
Rue des Jardiniers
69400 Villefranche-sur-Saône
Tél. 74 62 82 99
BILLARD CLUB DE SAINT-FONS
17, avenue Gabriel-Péri, 69190 Saint-Fons
Tél. 78 70 94 95
GROUPE SPORTIF LUGDUNUM
110, rue du 4-Août, 69100 Villeurbanne
Tél. 78 84 30 10
AMICALE B.C. AUTUNOIS
19, boulevard F. Latouche, 71400 Autun
Tél. 85 52 54 27
BILLARD CLUB CHALONNAIS
Salle Gambey
9, impasse du Carloup, 71100 Chalon-sur-Saône
Tél. 85 43 42 99
ACADÉMIE DE BILLARD MACON
7, rue des Cordiers, 71000 Mâcon
Tél. 85 39 22 92
BILLARD CLUB AIXOIS
109, avenue Marie-de-Solms, 73100 Aix-les-Bains
Tél. 79 88 23 61
ALBERTVILLE BILLARD CLUB
21, rue Georges-Lamarque, 73200 Albertville
Tél. 79 32 23 69

BILLARD CLUB ROMANAIS PEAGEOIS
Société Tapis Vert
Rue Marie-Curie, 26100 Romans
Tél. 75 02 74 34
BILLARD CLUB M.J.C. CHAMBÉRY
311, rue du Faubourg Montmélian
73000 Chambéry
Tél. 79 33 43 06
ACADÉMIE ANNECIENNE DE BILLARD
Stade municipal
Avenue Pierre-de-Coubertin, 74000 Annecy
Tél. 50 51 08 69
BILLARD CLUB FAUCIGNY
10, rue Grenette, 74300 Cluses
Tél. 50 98 00 78
BILLARD CLUB D'ÉVIAN
Palais des Congrès, 74500 Évian
Tél. 50 75 10 82
BILLARD CLUB DE GAILLARD
20, rue de la Paix, 74240 Gaillard
Tél. 50 38 68 37
BILLARD CLUB STELLA-THONON
12, avenue du Général-de-Gaulle, 74200 Thonon
Tél. 50 71 27 23

LIGUE DE PROVENCE

BILLARD CLUB SISTERONNAIS
Bar *L'Aiglon « Le Grognard »*
Avenue de la Libération, 04200 Sisteron
Tél. 92 61 03 67
SOCIÉTÉ SPORTIVE DES AMATEURS DE BILLARD D'AIX-EN-PROVENCE
Avenue de Coubertin, 13100 Aix-en-Provence
Tél. 42 21 51 96
AMICALE DU BILLARD AUBAGNAIS
Grand Café Noailles
2, cours Maréchal-Foch
13400 Aubagne
Tél. 42 03 10 35
BILLARD CLUB AUBAGNAIS
11 *bis*, rue Jeu-de-Ballon
13400 Aubagne
Tél. 42 03 82 27
BILLARD CLUB BERROIS
Impasse La Lauve, 13130 Berre-l'Étang
Tél. 42 74 16 17
CLUB DE BILLARD ISTRÉEN
Salle des fêtes « La Patinoire », 13800 Istres
Tél. 42 56 42 57
SPORT BILLARD ACADÉMIE ISTRES
Unic Bar, 29, allée Jean-Jaurès, 13800 Istres
Tél. 42 55 03 16
SPORT AMATEUR DE BILLARD MARSEILLAIS
26, rue Pavillon, 13001 Marseille
Tél. 91 33 79 94
CERCLE SAINT-MICHEL
Section Billard
9, rue Briffaut, 13005 Marseille
Tél. 91 42 97 03
MASSILIA BILLARD CLUB
171, rue Paradis, 13006 Marseille
Tél. 91 53 02 69
BILLARD CLUB MERLANAIS
Cercle de l'Indépendance
87, chemin du Merlan, 13014 Marseille
Tél. 91 98 13 05
SALON BILLARD CLUB
Cercle des Arts
Rue des Fileuses-de-Soie, 13300 Salon-de-Provence
Tél. 90 56 48 45
BILLARD CLUB DE LA BAIE
Salle du C.A.P.T.
Avenue des Alliés, 83240 Cavalaire-sur-Mer
Tél. 04 64 40 02
BILLARD CLUB GARDÉEN « LES MAS »
293, avenue Pierre-Loti
Sainte-Marguerite, 83130 La Garde
BILLARD CLUB SEYNOIS « LES GLYCINES »
165, chemin de Bellevue,
83500 La Seyne-sur-Mer
Tél. 94 87 77 37
ASSOCIATION D'ÉDUCATION POPULAIRE
Section Billard
Tour 05 - « La Coupiane »,
83160 La Valette
Tél. 94 23 37 29
BILLARD CLUB AVIGNONNAIS
Palais de Champfleury,
84000 Avignon
Tél. 90 82 79 02
BILLARD CLUB CARPENTRASSIEN
200, rue de la Tour, 84200 Carpentras
Tél. 90 03 14 84
CERCLE DE L'INDÉPENDANCE
BILLARD CLUB CAVAILLONNAIS
87, boulevard Victor-Hugo
84300 Cavaillon
Tél. 90 71 33 40
BILLARD CLUB ORANGEOIS
Salle ancien collège Saint-Louis
Siège bar *Le Milan*
Place Georges-Clemenceau
84100 Orange
Tél. 90 34 13 31

TABLE

DANS LA MÊME COLLECTION

CRÉDITS PHOTOGRAPHIQUES

Nous remercions les fabricants de billards qui nous ont aimablement prêté leurs documents iconographiques :

— Les Établissements Chevillotte : 12, 54-55, 4e page de couverture.
— Les Établissements René Pierre : 51 (haut et bas), 62 (bas droite).

Richard Kalvar, Magnum : 129 ; Camille Klein : 6 (haut) ; E. de Malglaive, Explorer : 62 (haut droite) ; Jean-Pierre Morel : 17, 50, 58, 62 (gauche), 63, 65, 92 ; Gjon Mili, *Life Magazine* : 93, 95, 123 ; Roger-Viollet : 8, 9, 10, 11 (haut).

Achevé d'imprimer
par Hérissey à Évreux - N° 55466
N° d'édition : 3616 - Dépôt légal : septembre 1991